新装版

産婦人科の窓口から

「思春期」から「更年期」まで
女性の性を伝えたい！

河野美代子

子どもの未来社

[本文・帯]レイアウト・DTP……………………………菊池忠敬
[カバー]装画＋[本文]イラストレーション……丸 洋子

目次

講演Ⅲ

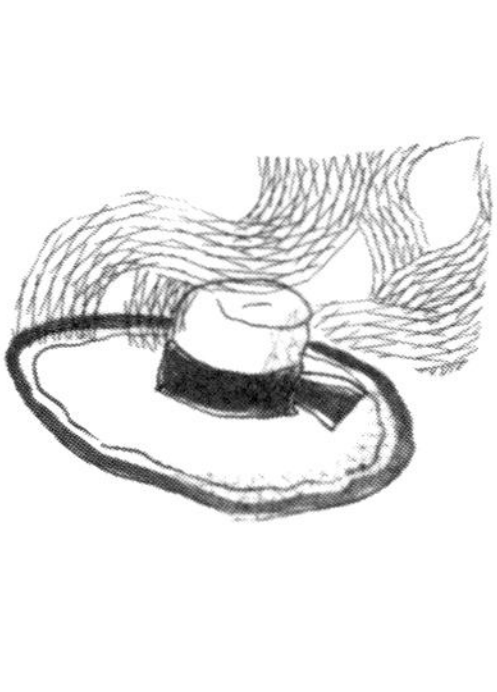

講演Ⅰ

思春期の悩み・トラブルと相談

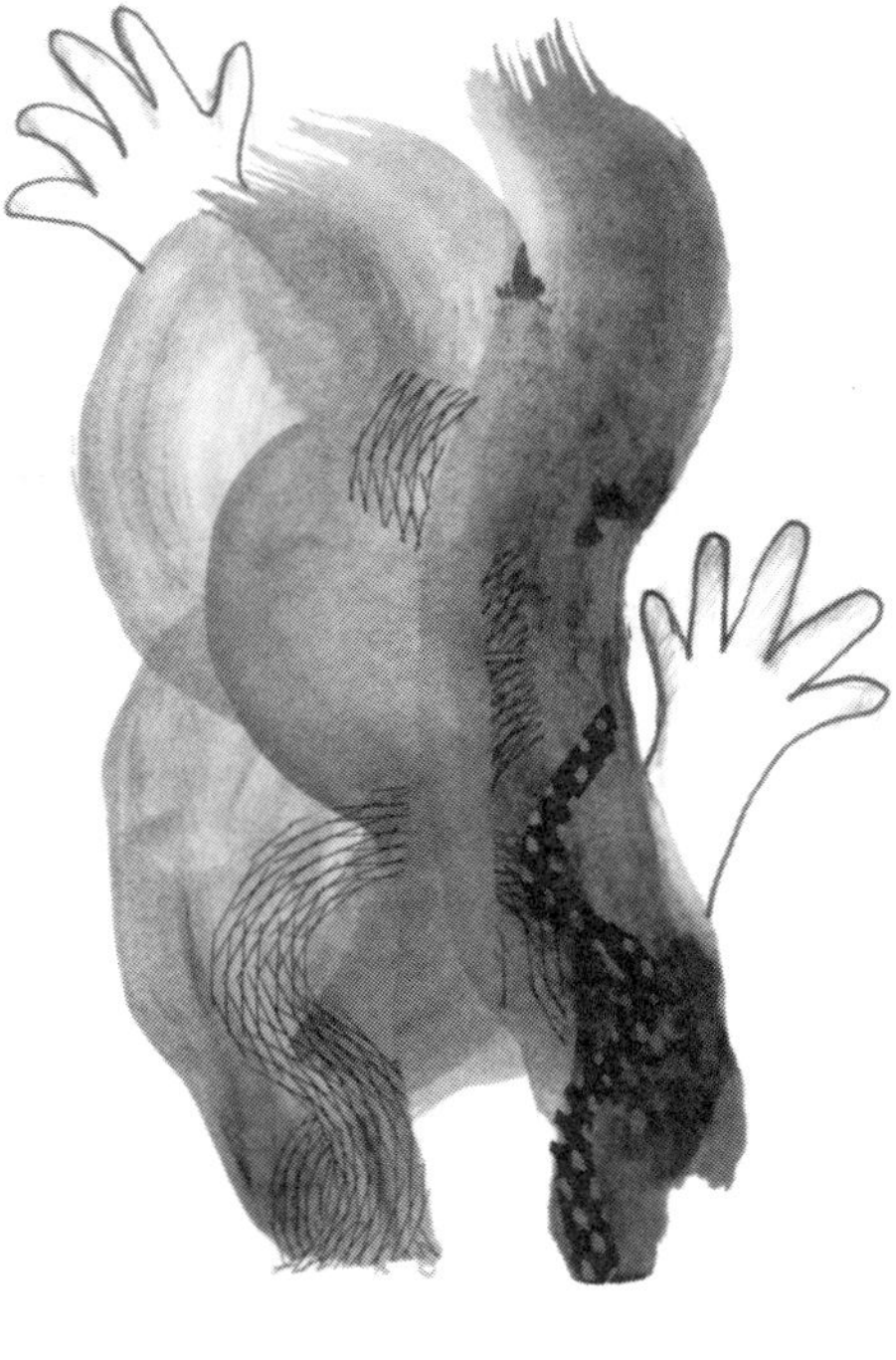

1992年8月6日講演〔学校保健研究会主催＝第31回学校保健ゼミナール／イイノホール〕

思春期とは……

皆さん、こんにちは。きょう八月六日というのは広島では特別の意味がありまして、行政の組織も民間の会社等もほとんどお休みになります。ですから私も講演会などで出張しやすいという面がありますが、一抹の心の痛みを覚えながら、朝、広島を飛び立ってまいりました。

さて、今回、私に与えられましたテーマは『思春期の悩み・トラブルと相談』です。ご存じだろうと思いますが、思春期、子どもから大人への変わり目というのは、自分自身、振り返ってみても、本当にいろいろと揺らぐときなんですね。体が変化していくことに加えて、何よりも私自身が辛かった思い出としてあるのは、精神的な動揺のほうだと思います。とにかく大人がいやだった。まだ本当に純真で、真っすぐな感性を、そして非常に敏感な研ぎ澄まされたような神経を持っているときだと思うんです。だからさまざまな大人の不正というか、汚いことが見えてきて、それに対して嫌悪感を持って仕方がなかった。最も身近なところでは私自身の親に対して、それから学校の先生に対して、いつもそれを外交的にボンボン向かって吐き出せるような状態ではありませんでしたから、いやな面を見たときに、それを全部、自分のほうにねじ曲げねじ曲げしていって、本当にあの頃は辛かったなという思いを持っています。

その思春期の揺れ動くときというのは、大人の社会に対してと同時に自分自身に対しても非常に厳しい目を向けるときですので、さまざまな悩み、コンプレックスを持ちがちです。私自身も、鼻が低いのが気になって気になって、気がつけばいつもつまんでいたような気がするんです（笑い）。鏡を見ては、もうちょっと高くならないかなと……。ある日、洗濯バサミをここにはさんで、毎晩こうして寝たら少しでも鼻が高くなるんじゃないかと思ってやってみたら、痛くて痛くて。でも必死で我慢していた。けれど、とことん我慢したら眠れるどころじゃなくなって、もうダメだと思って外したら、鼻にくっきり洗濯バサミの跡がついて、本当に情けない思いをいたしました。それから、足が曲がっているとかね。

大人になって結婚して、夫にそんな話をしましたら、夫から――河野は柔道をやっている人で、柔道をやっていると内股になりますでしょう――足がO脚なのがすごくいやで、足をグルグル巻きに縛って寝てたら足がちょっとでも真っすぐになるんじゃないかと思って、そうして寝ていたという話を聞いて、私と同じだというので、おかしくておかしくて……（笑い）。大人になれば、そういうふうに振り返って自分自身をいつの間にか受け入れることができて、ほのぼのとした思い出として語れるようになるんだけれども、そのときは必死だったんですね。私の子どもたちを見ていても、そういう悩みの真っ盛りのときというのは、私にも覚えがあるように、彼女にとって、また彼にとってはすごく深刻なんだなというのがわかるんですね。

思春期というのは大体いつ頃からかというと、今は一〇歳頃です。明確な定義についてはいろいろな学会等で言われていますけれども、一〇歳頃、第二次性徴の入り口、小学校四年生ぐらいから思春期と考えていい。私の子どもたちを見ていても、やっぱりそうだなと思います。まだ初経とか精通が始まる前だけれども、さまざまな心の動きが始まってくる。

娘は小さい頃から非常に敏感な子でしたけれども、その娘が私に学校の作文を見せなくなった。学校には提出するけれども、私には隠すようになった。そのときに「ああ、始まったな」と思いました。言ってみれば、非常に揺らぐ中で親に秘密を持ち始めるとき、これも思春期の特徴だろうと思います。そうそう簡単に悩みを人には言えない。特に大人には言えない。だから、一人で胸の中に抱え込んで悩んでいく、これが思春期の始まりだろうと思います。

思春期の悩み ～男性編～

クリニックで診療するのが私の基本的な仕事ですけれども、そこから波及して諸々、いろいろなところからいろいろな相談を持ち込まれたりします。いま広島で「八人委員会」という、八人のメンバーが集まって子どものことを考えるボランティアの会をやっています。それには広島市の児童相談所の所長さんだとか、少年事件を担当している弁護士さんだとか、ジャーナリストもいるんですが、そういういろいろな立場から、親に育てられない子どもが養護施設を出て巣立って行く、その後の支えを主にやっています。保証人もいないことから、アパートを借りようにも厳しい状況にありますので。また、彼らが運転免許証を取るための資金援助とか、幅広く支援の手を出しています。

それから「広島エイズ・ダイヤル」という、エイズのボランティア活動もやっています。名前のとおりエイズの電話相談から始まりましたけれども、感染してしまった人、または発病してしまった人への援助というところに活動が行き始めています。

そこのメンバーたちといろいろな活動に取り組む中で、男性・女性を問わず、大人から、または子どもたち自身からのさまざまな悩みが持ち込まれてきます。女の子に限らず男の子の悩みにもずいぶん接するものですから、思春期の悩み・トラブルの「男性編」も入れさせていただきました。

性の悩みの一一〇番みたいなところには、半数は男の子が電話をかけてくるんですね。「彼女が妊娠してしまったらしいんだけど」という相談もありますが、圧倒的に多いのは、性器の悩みとマスターベーションの悩み、これに集約されます。本当にこの二つが多いんですね。そして性器の悩みという中では、ひたすらサイズと包茎、ここに集約されてきます。

こういう悩みに接してつくづく思うのは、やはり教育の貧しさなんですね。ちゃんと教えていない。体の発育等については教えても、性器の発育については教えていない。教えられていないから、知らない。だから悩んでいくのです。私は、性器の発育については、発育する前の段階、小学校の段階できちんと教えるべきだと思っております。

包茎

包茎の悩みですけれども、一つには子どものうちは誰もが包茎です。だから、その段階ではみんなが包茎だと。大人になっていくにつれて、皮がだんだんむけてきて頭がのぞくようになってくる。ただ、いつまでたっても頭がのぞかないが指を使って皮を引っ張ればちゃんと頭がのぞく、また勃起すれば頭がのぞくような状態であれば、それでいいんだと。皮をかぶっているから包茎と言うけれども、勃起したときに頭をのぞかせれば、それはそれでいいんだと。むけなくとも、お風呂に入ったときに毎日、しっかり皮を引っ張って、少しでも頭をのぞかせるように。そして、石けんでちゃんと洗って戻しておく。毎日そうしていれば、段々と拡がってくるから。だけど、どうしてもくっついてて拡がらないとか、勃起しても引きつったようになって、ちゃんとむけない、または痛みがあるとか、そういうときには手術を受けたほうがいい。手術は日帰りで局所麻酔でできる簡単なことなんだからと。包茎の手術を受ける時期というのは、泌尿器科の友人に教えてもらったのですが、その後の性器の発育にかかわってくることだから、中学二年生の夏休みぐらいに受けるのが適当だろうと。ということを小学校のうちから伝えておけばいいのです。

電話をかけてくる子というのは、自分は包茎ではないかということですごく悩んでいますから、わかっているんですね。自分も手術を受けなければいけないんじゃないかと思っていて、私はそういうときには「泌尿器科を受診して、自分は手術が必要かどうか聞きなさい」と言います。

大体、誰にも相談できなくて悩みを抱え込んでいますから、泌尿器科に行くなんて……と戸惑います。子どもをバチッと管理して育てようとする親ほど、保険証は親がしっかり握っていて、絶対に子どもに自由に持ち出させません。我が家などは夫婦二人とも働いていますので、いつどういうことがあるかわからない。急に歯が痛くなるかもわからないし、目をケガするかもわからない。そういうときに備えて、保険証の引き出しの場所を決めておいて、ここに保険証があるからそれを持って病院に行くことというふうに、自由に持って出られるようにしております。けれども親がバチッと握っている場合、「保険証がない」と子どもたちは言います。

そして、保険証がなくても診てもらえるということを知りません。だから、「保険証がなくたって診てもらえるよ」と言うと、まずびっくりします。ただ、保険が利かないからちょっと高くなる。でも、この頃の子どもたちって、お年玉をもらったりして結構お金持ちですから。診てもらうぐらいのことはそんな何万円も取られるわけじゃない、二千～三千円あれば診てもらうことはできるので、どうしても保険証をもらうことができないのだったら、なくてもいいから一人で行って相談に乗ってもらいなさいと。泌尿器科は、ごく一部、都会では女性の医師もいるみたいですが、ほとんどが男性医師でして、先輩ですからやさしく接してくれますので、心配しないで行って診てもらいなさいと。もしも手術が必要だということになれば、その場合は「手術だから、これは親に言わなければしょうがないね」と言います。

そうすると、「親に言えない」と言いますから、「言えないんだったら、言えないなりに言いなさい」と言います。例えば「『手術を受けるからカネをくれ』、これだったら言える？」と聞きます。それぐらいだったら言えるんですね。「保険証もくれ」と言えばいい。でも、親はびっくりしますから、「何の手術を受けるの？」と聞くでしょう。そしたら、「『言いたくないところの手術だから、言いたくない』と言えばいい」と言うんですね。そこまで言ったら、親は気づかなきゃいけない。息子がそこまで言い出すのにどれだけ苦しんでいるか、ということを感じ取ってね……。多くの親はその辺が鈍感なんですね。気づかなきゃいけないんです。そんなやりとりの中で、包茎の手術を受けるということはわかってくるだろうと思います。そこまで言えたら、あとは吹っ切って行けるんですね。ところが、口火を切るというのがなかなかできない。

本当は家庭の中で親がいろいろ話ができる頃から言っておくのが一番いいと私は思うんです。だから私も「中学二年生の夏休みになってもまだ包茎だったら、そのとき手術を受けるんだからね」というのはずっと言っていました。小さい頃だから、どうということないですね。一緒にお風呂に入る頃ですから。一緒にお風呂に入れなくなっても、小さい頃から話をしておけば、話は継続してできますから、「まだ包茎か」とか時々聞いていました。そしたら「うん」とか言っていて、しばらくぶりに「まだ包茎か」と聞いたら、「放っといてくれ」になりましたね。〝おお、だいぶ成長したな〟と思いましたけどね。もう立ち入られたくないというあらわれ、しっかり思春期ですね。「中二の夏休みになってもそうだったら、手術だからね」ということだけは付け加えておく。

中二の夏休みが近づいてきて、もう一度聞いたときに、息子がフッと複雑な表情をして「わからん」と言ったんですね。〝あれ？〟って。でも、それ以上は深入りしなくて、夏休みになったらと思っていたら、運がいいことにかどうか、息子の股間にボールが当たってケガしたんですね（笑い）。家に帰ったとき、息子が目をしばしばと伏せて、態度がおかしいんです。〝おかしいな、この子は〟と思って、彼が部屋にこもったときに訪ねて行って、「何かあんたおかしくない？」と言ったんです。そうしたら、「悩みがある」と言いました。「どしたん？」と聞いたら、「ボールが当たって腫れた」と言いました（笑い）。掃除の時間に友だちが投げたのが当たったんですって。「腫れとる」と言うんです。「あんた、そんなこと早く言わないと。見せてごらん」と言いましたら、「いやじゃ」と言いました（笑い）。「そんなこと言っても、どんなになってるか、手当てが必要かどうか、見てみないとわからんじゃない」と言っても、「いや」と言います。「あのね、私は母親だけど医者なんだから、ちゃんと見てやるから」って言っても、「いや」と言う。「じゃ、パパに見てもらう？」と聞いたら、それも「いやじゃ」と言うんですね（笑い）。「そんなこと言ったって、痛いんでしょう？」と言ったら、「痛い」と言うし、「じゃ、お医者さんに行く？」と聞いたら、「行く」と言いました。

私はこれこそいいチャンスだと思って、次の日の朝、泌尿器科に連れて行きました。問診票というのをもらうでしょう。「どうして来ましたか」という来診理由を書く欄がある。それを息子に書かして、書いたのを見たら「ボールが当たって腫れた」と書いてたんですね。私が「包茎かどうかも診てもらってておこうよ」と言ったら、「うん」と言いましたから、下のほうに「包茎かどうかも診てください(母)」と書きましてね(笑い)。

それで中へ入りました。中学生にもなった子と一緒に診察室にお母さんが入って、そばでピタッと付いているというのは私は大嫌いなんですね。もし入るなら入るで、「娘です、よろしくお願いします」と言って退いていてほしいんです。だから私も息子を一人で行かせて、そのまま外で待っていました。後で先生に呼ばれまして、ボールが当たったケガについては大したことないのでお薬が出ましたけど、「ちゃんと年齢相応の発育をしていますから、何の心配も要りませんよ」と言われまして、「ありがとうございました」みたいなことで、それで一件落着です。「良かったね」で終わりです。

それは、小さい頃から話をしていたからできたと思うんですね。私は性器というのは、体の中で特別なところとは思いません。目や鼻や耳と同じように大切なところと思いますから、目や鼻や耳のお話をするのと同じように、性器についても話をしてきたと思うんです。だからできたのかなと思うけれども、その程度のことを多くの大人たちが心がけていたら、男の子もそんなに悩まなくて済むのになと思います。

ペニスのサイズ

サイズについて、自分は短小だと思い込む、これは本当にかわいそうですね。世の中には、つくられた性の神話が満ちあふれています。それもすべて男性がつくった神話なんです。男性社会の中でつくられてきた神話でして、なぜか男性たちは自分で自分の首を絞めるような神話をつくり出していますす。「ペニスが大きいほど立派な男」みたいなね。これはかなり根強いようで、もう保育園、小学校あたりからペニスの大きい男の子は威張ってますでしょう。小さい男の子は、もうそのくらいの頃からコンプレックスを抱かされているんです。「おまえのは小さい」みたいなのが日常会話の中で出てきますから。違いますよね、立派な男かどうかというのはペニスの大きさで決まるものでは絶対にない、と思うんだけれども……。

大人たちがつくった神話には、きっと〝ペニスが大きくないと女を喜ばすことができない〟みたいな、誤った性の捉え方があると思うんですね。これは絶対に違う。女性が素敵な性ができるかどうかというのは、ペニスの大きさなんかじゃないでしょう。だって、膣粘膜というのは神経がないんです。だから私たちもお産で取り上げるとき、時にはどうしても出ない人の会陰切開したり、破れちゃったりする人も中にはいますでしょう。縫うときには、膣は麻酔が要らないんです。局所麻酔は外側の皮下注射だけなんです。膣には無麻酔で、針を立ててもビクともしません。痛くも何ともないんです。そこは全く感覚がないところなんです。もしそこに感覚があったら、とてもお産なんてできないだろうと思いますね。子宮が広がるだけでもあれだけの痛みがあるのに、さらに膣まで痛みがあったらとてもじゃないと思うんですけど。だから、タンポンなんか入れてたって何も感じませんでしょう、違和感も何もないでしょう。それだけ鈍くつくられているところです。

だから、まず女性の性の一番敏感なところ、快感を感じるところは外側にあるクリトリスを中心にするところということが、女性自身も、また男性たちもよくわかっていません。男性も女性も神話に振り回されていますから。一番言われている神話は、「未熟なときの女の性の快感はクリトリス中心で、熟練を積むとワギナ中心になってくる」とかですが、こんなのも絶対にウソですよ（笑い）。ペニスが大きいか小さいかなんて全然問題じゃありません。女性が楽しめるかどうかというのは、二人のコミュニケーションがちゃんととれ合っていて、自分の希望も素直に言えるし、自分の反応も素直に出せる、ここにかかっています。そういうコミュニケーションがとれ合った間でこそ、素敵な性というのができるはずなんですね。回数積んで、とにかくせっせとこすれば、それですぐに良くなるものかというと、絶対にそんなことはないので、そういうことを私は女性の立場から若い男性たちに、もっとちゃんと言ってあげなければいけないなと思っています。

今は、間違った情報、神話が振りまかれている状況にあります。アダルトビデオなんて貧しい貧しい。ガバッとかぶさったら、すぐに女性が「ああ」とか、うめき声を上げたりしている。アダルトビデオの女優さんたちに「演技するな」と言うほうが無理かもしれない。あれは演技そのものの世界な訳ですから。でもそういうのを見て、女性自身も、ああいうふうに反応できない自分の体はおかしいんじゃないか、と思い込んでいく。性情報というのは昔は雑誌や友人から仕入れていましたけれども、今はアダルトビデオからというのが非常に増えています。

また男性たちにも、ペニスの大きさなんて関係ないんだということを伝えたい。ペニスの大きさは機能が果たせればいいのであって、だから勃起した時点で四センチあればまず大丈夫です。ほとんどの人がクリアできると思います。勃起した時点で四センチというのはほとんど一〇〇％近くの人がクリアできることですから、そのことをどこかの場でちゃんと男の子たちに教えてあげたいな、伝えてあげたいなと思っています。女性のほうから「サイズなんて問題ないんだよ」と言ってあげる役目、私はその役目をしなければいけないかなって考えています。

ある、とても山奥の村の青年団に話に行ったとき、こんな話をしたのですね。そしたら、後で青年二人が私を訪ねて来ました。「質問がある」と。「さっき、先生が四センチと言ったのは、あれは直径ですか？」と。私はびっくりして、「いいえ、長さよ」と言いました。そしたら、「実は、自分はペニスが小さいと悩んできました。だから、僕は一生結婚しないと決めています。僕の長さは八センチです。それなのに、先生が『四センチでいい』と言ったから、信じられなくて、あれはきっと直径だと思ったんです。でも、こいつは長さだと言うし、だから、どっちなのか、聞きに来ました」と言いました。私はもう、びっくりして。直径なんて、思いもよらなかったので。「では、ごめんなさい」と言ったら、彼は「先生、これから講演するときには、必ず『長さが四センチ』と言ってください。そうでないと、僕みたいに誤解する子がいたら、かわいそうだから」と言いました。だから、私は「ありがとう！」と言ったのだけれど、でもね、彼はもう三〇代後半でしたけれど、ペニスが小さいということで、「一生結婚しない」と人生を決めてたのですね。ペニスの悩みって、それだけでなく、思春期には自殺を考えるほど大きな悩みになったりするんですね。

以上の二つが、男の子の性器の悩みの最大のものです。

マスターベーション

そして、次にマスターベーションの悩みがあります。マスターベーションの悩みというのは、今、有害説は鳴りを潜めまして、害は無いと言われている。しかも、男の子の性のトレーニングとしてとても大事なのだというふうにも言われています。ただ、害は無いんだ、害は無いんだと言われながらも、どうしても教育関係者や偉い立場の人たちというのは、そこに何か一言付け加えるんですね。「でも、マスターベーションばかりが人生じゃあるまいし」って。そんなの当たり前じゃないって思いますけれども、「スポーツなどで気を紛らわせて」とか言ったりして、そこに何か有害なものを匂わせようとするんですね。

「どのくらいの回数だったらしてもいい」とか、「あまりマスターベーションばかりしていると体力も弱るし」とか、そんなことをおっしゃる方がいる。弱ったら誰もしませんよ（笑い）、その意欲もなくなるんで。だから、マスターベーションなんて、したい人はしたい回数だけすればいい。「一日七回もするんですが……」「ああ、そう、思い切りやりな。そのうち飽きてくる」ぐらいのことでいいんです（笑い）。人間の体というのは、うまくしたもので、ホルモンというのを自分で調整できるようになっていますから、自分の思い通りにすればいいんですよ。マスターベーションのし過ぎで弱って、死んでしまう子なんていやしないんですからね。その辺は自分でうまく調整していくようになりますから、罪悪感を持っていたりすることのほうが怖いですね。だから、「やりたいだけやりなさい、思い切りやりなさい」と。回数が少ないほうがいいとか、多いほうがいいとか、そんなの全く関係なし。個人個人、一人ひとり全部違う。自分に合った方法で自分の考えでやればいい。そういう対応をしてほしいなと思います。

ただ、マスターベーションの方法によっては、大人になって結婚したときに膣内で射精ができないという男性たちが結構あるので、その点だけは注意が必要です。これは思春期学会の発表などを聞いてアッと思ったのですが、結構あちこちの先生方が経験なさっているし、私もだいぶ接するようになってきたんです。私たちの現場では、膣内で射精できないと妊娠できないですから、その悩みでご夫婦で相談に来られるというケースによって知っていくんですが、これには共通の傾向があります。

マスターベーションのときに、あまりに強い刺激を加えていること。こういう方が来られたら、私はわかりますから、こちらから男性に「こういうマスターベーションですか」とお尋ねすると、当たりです。ペニスを畳にこすりつけるとか、布団に強くこすりつけるとか、非常に強い圧を加えて射精に至る。こういうことを繰り返しているうちに、膣内の刺激だけでは射精できなくなるという人もいます。マスターベーションというのは、あくまでも手で、指でやりなさい。それぐらいは教えてあげたいなと思います。手で、指でという範囲内であればＯＫ、あとは自分のやりたいようにやりなさいなと。

学校現場で一律に言うのは難しいかもしれないけれども、保健室に来てその悩みを打ち明けられたときには、そういうアドバイスだけは伝えてあげることができたらなと思っています。

それから、電話相談等でのマスターベーションの悩みの中で最も多いのは、〝害は無いか？〟というもの。そして次に、〝マスターベーションをしているところを誰かに見られた〟というものです。見られた相手のトップは母親なんです。見られたらどうなるか、荒川和敬先生の『こちら性の悩み110番』という本に出ていましたが、「自殺したくなった」「家出したくなった」「親の顔なんか見るのもいやになった」と、ろくなことないんです。それから怖いことに、マスターベーションしているところを見たというところから、さらに母子姦に行くことがある。ヒソヒソとささやかれている母子姦、お母さんと息子の性ですね。かなり潜行したところで増えているんじゃないかと言われていますが、母子姦というところから見ると、そのきっかけとなるのは圧倒的にマスターベーションしているところを見られたということからです。

家族間のプライバシー意識の欠如

「自殺したくなった」「家出したくなった」なんていうのは、プライバシーそのものを暴かれたことですから、人格の尊厳を侵害されたということです。なぜ見るのかというと、我が国の家庭独特の、家族間のプライバシー意識の欠如です。それから、子どもの人格を認めるという点における親の意識の乏しさです。なぜ見るのか、見たきっかけは、圧倒的に試験勉強中なんです。お母さんが夜食を持ってきて……。お母さんとしては、ちゃんと勉強しているのかしら、引っくり返って漫画でも読んでるんじゃないかしら、みたいなのがあるのだろうと思いますが、夜食を持って行くなら持って行くで、ちゃんとパタンパタンと足音をさせて持っていけばいいものを、そーっと忍び足で近づいて行って、いきなりガラッとドアを開けるというやつなんですね。

私は子どもの部屋に入っちゃいけないとは言わないですよ。入ってもいいと思うけれども、やっぱり思春期ともなれば、親といえども子どもの部屋に入るときぐらい、ちゃんとノックをして、そして返事があってからドアを開けるとか、それぐらいのプライバシーの尊重というのはあるべきだと思うんです。その代わり、夫婦の寝室には絶対に入れない。入るんだったら、誰かがいるときにノックをさせて入れるとかね。誰もいないときに夫婦の寝室に入って、やれコンドームを見つけただの、H《エッチ》ビデオがあっただのという、逆に親のプライバシーが侵害されるみたいなものもありますから。

子どもが思春期ともなれば、家庭というのは、大人の体をした男と女がゴチャゴチャに住む場所になるわけで、考えてみれば怖いところなんですね。私なんかは医療現場でお兄ちゃんと妹とのきょうだい姦なんていうのも結構見てきていますから、家庭内で一人ひとりのプライバシーの尊重のし合いって絶対に必要だと思う。それが今の日本の家庭には欠けている。中でも、特に親が子どものプライバシーを侵害していっていると思います。

話が広がるかもしれませんが、親が子どものプライバシーを最も侵害しているのはマスターベーションしているところを見るという行為なんだけれども、これに近い行為としては、子どもがいない間に部屋に忍び込んでゴソゴソ探し回る。日記を読むとか、友だちから来た手紙を盗み読みするとか、ベッドの下に息子がわざわざ隠しているポルノ本を引っ張り出すとか、そういうプライバシーの侵害をする親があふれていると思います。そういう行為を受けた子どもの側はどれだけ傷つくかということを知っていない。これは家庭でもそうだし、学校現場でもありますね。

私は高校生向けの月刊誌のQ＆Aを担当していて、今日もその答えを書いて出さなければいけないんです。その質問は、学校で荷物検査があって、友だちが手帳を見られた。手帳には性交を持ったときのしるしをつけていた。それを教師に見られて、無期停学になった。そのことをどう思うか、というものです。学校現場でも子どものプライバシーは守られていない。性なんて最もプライベートなものです。大人が子どものプライバシーに土足でヅカヅカと踏み込んでいっていて、子どもはかわいそうだと思っています。

もうちょっと言うなら、日記を読まれた子どもがどれだけ大人に対する不信感を持ち、一人抱え込んで悩んでいるかということを大人の側は知らなければいけないと思います。子どもが私のところへ来て、「お母さんは信じられない。私の日記を読んだんです」って泣きます。お母さんに尋ねると、「日記を読まないとわからない。あの子のことが見えない。何をしてるのかわからないじゃないですか」とおっしゃる。だから、私は言います。「お母さん、思春期にもなったら、子どものすべてを知ろうと思うのが間違いなんじゃないかしら。子どものすべてを知ろうと思うと、盗み見するとか、そういう無理な行動をしなければいけなくなる。そうじゃなくて、寂しいけれども、大切なのは、親は子どものすべてを知ってるわけじゃないということを認めることだ。子どもは親に秘密を持つものだということをちゃんと認めていくこと。その上で子どもとの人間関係づくりをしなければいけないんじゃないか」と。

思春期というのは、親離れ、自立の過程です。当然、秘密は持つものだということを親自身が認識しなければいけないと思います。

私自身にも思い出がありまして、私は日記を机の引き出しに入れていたんです。中学生の揺れるときに、日記だけが友だちみたいな感じで、綿々と日記帳にいろいろなことを書くじゃないですか。それを机の引き出しに入れていたら、どうもおかしい。子どもには、見られたということがわかるんですね。どうも母が見ているんじゃないかと思ったんです。私はある日、日記帳を机の引き出しに入れて、その上に消しゴムの削りカスをパラパラとまいて置いたんです。おかしいと思ったとき、〝親を試す〟という、それぐらいのことはやりますからね。次の日、学校から帰ってきたら、日記帳は寸分たがわず置いてあったけれども、消しゴムの削りカスがきれいになくなっていたんですね。そのときに、やっぱりと思ったときの私の胸の中のことは本当に忘れないですね。辛かったですね。私はそのときに、母をピシャッと私の胸の中で切りました。母に対しては一言も言わなかったけれども、私の中であのときに母を切ったというのを明確に覚えていて、あのときのすごく辛かった気持ちというのは忘れないから、私のところで「母は日記を読むんです」と言う子の気持ちがすごくわかるんですね。日本の親というのは何て貧しいんだって、本当にカリカリしてしまいます。

思春期の悩み 〜女性編〜

話が広がってしまいましたけれども、さっきの「男性編」のところから、少しは女の子にも共通するものをつかみ取っていただけたらと思います。具体的に言います。「女性編」の性器の悩み。これも繰り返し繰り返し言いますけれども、性の神話というのは、思春期の女性器の悩みにも如実に現われています。それはやはり男性がつくった性の神話です。

女性の外性器というものは知らされていない、教えられていない。内性器、子宮とか卵巣とか膣というのは教えられても、肝心の外側がどうなっているのかというのは本当に教えられていないんですね。鏡を使ってでも、目で見て、手で触れることができる外側をきちんと教えるべきだと思うのですけれども、教えられていません。小学校の「保健」「理科」の教科書でも、外性器は出てこない。外性器が教えられていないというのは、その弊害をつくづく感じるから、私は『ティーンズ・ボディQ&A——体の悩みにお答えします』（東山書房刊、現在は学陽女性文庫）という本の初っぱなに女性の外性器のイラストを持ってきたんです。あえて子宮とか卵巣とかの内性器は外して、外性器だけを持ってきたんです。そして次に男性の性器を持ってきたんです。これまでの教育の中で欠けているのは、自分の体は自分でちゃんと知りましょう、自分の体をちゃんと知って、その上で自分でちゃんと管理していきましょうということ。自分の体は自分のもの、この意識を育てる教育が本当に欠けていると思います。

図　女性の外性器

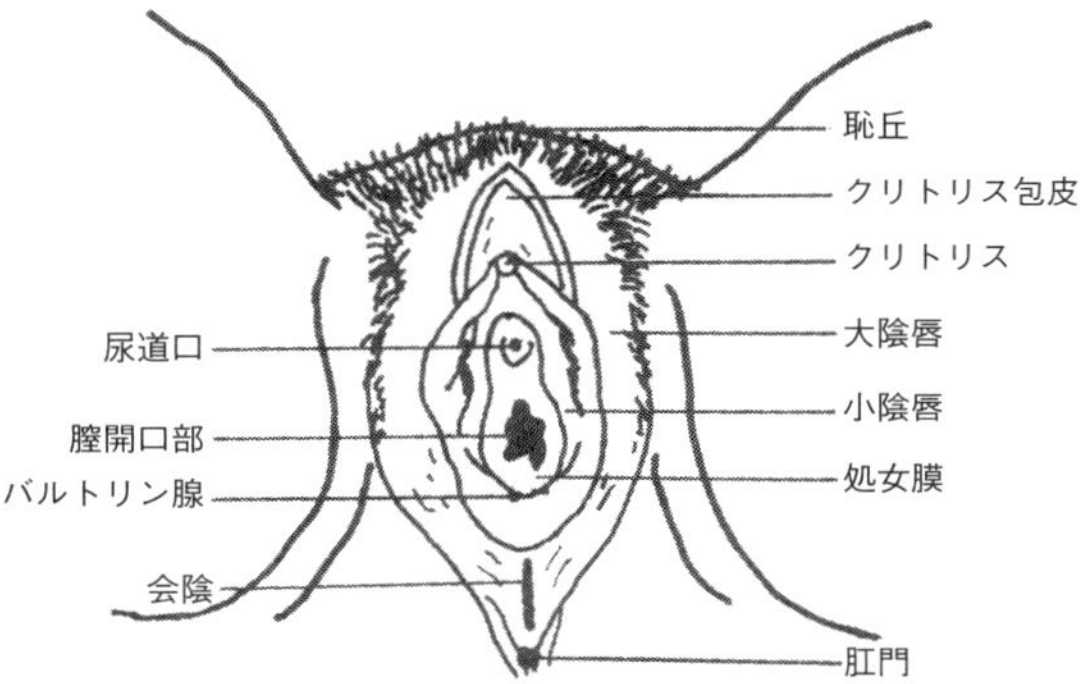

『ティーンズ・ボディQ&A』（学陽女性文庫）より引用

小陰唇

性器の悩みというのは、女性の場合、ひたすら小陰唇です。小陰唇というのは、エストロジェン（卵胞ホルモン）が出始める頃、初経が始まる前から発育して、飛び出してくる。そして私たちは黄色人種ですから、メラニン色素をたくさん持っています。ホルモンによって色素が沈着してきます。これは全くホルモンの成熟によって色が黒くなるものなんです。でも、つくられた神話は「処女はピンク」でしょう。「性的経験を積むにつれて色が黒ずんでくる」でしょう。そうじゃないんです。これはホルモンの成熟によるものなんです。

　また、まず小陰唇から発育してくるんですが、本を見ると、「小陰唇は大陰唇に隠れて見えなくなる」とか「ピッタリ足を閉じて立つと隠れる」とか、そんなふうに書いてある。そういう教科書を書くのは偉い男の人たちで、偉い男の人たちというのはバージンの子の性器の診察なんてまずしていないと思います。これが全くウソで、小陰唇ははみ出すものなんです。色も黒くなるものなんです。

　かわいそうなのになると、小学校の五年生、六年生の女の子が母親に連れられて私のところにやってくる。「この子の性器は異常だから、今のうちに手術でも何でもして治してやってください」って。修学旅行の前に来る。修学旅行でみんなと一緒にお風呂に入るのがかわいそうだという。みんなと一緒にお風呂に入るとき、友だち同士、性器をのぞきっこします？　そんなことしないと思うんだけど（笑い）。中には、「修学旅行でお風呂に入っちゃいけません」と禁じる親もいるんですよ。異常だからと言われて、私が見て異常だった子って一人もいないですよ。本当にしょんぼりして連れてこられて、かわいそうでね。一応、診察はします。診察した上で、「何にも異常がない。これが当たり前の発育なんだ」って私は言うでしょう。それをお母さんが本当に信じないんですね。お母さん自身がしっかりと神話に染まっていますから。「私は何百人というバージンの子の診察をしている。私が〝異常ない〟

と言うのに、お母さんが〝異常だ〟と決めつける根拠は何なのですか」と聞きます。そうすると、つくられた神話以外の何物でもないんですね。「ピンクじゃない」とか、「はみ出している」とか言い出します。はみ出すものなんです、着色するものなんです。「誰と比べて言ってるの？　何人の性器をお母さんは見てるの？」と言うでしょう。そうするとハッとされて、そして、「私と比べて」とおっしゃるんですね（笑い）。そういうお母さんって、子どもを何人かお産みになっている方でしょう。五年生、六年生の子の親御さんですから、たいてい皮下脂肪がでっぷりとついて、性器も皮下脂肪の中に埋まり込んでるんですよ（笑い）。見えやしないですよ、そんなの。お母さんだって同じだって私は言うんです。思春期の入り口の一番敏感なときに、「あなたの性器は異常だ」と決めつけられた女の子の心理を考えてごらんなさいって。「何にも異常がないから心配しなくていいよ。これが当たり前の発育なんだよ」と言うと、それまで下を向いていた子がニコッとします。時には、お母さんのほうをキッとにらみつけたりします（笑い）。

その上で私は、「あなたはお母さんにもう見せなくていいよ」って言います。大体、五年生にも六年生にもなった女の子の股を広げてしげしげと見つめる、これはとても失礼な行為だと思います。もう見せなくていい。「下着も自分で洗いなさい」って言います。お風呂に入ったときに、パンツと靴下は自分で洗う、そういう癖をつけて、親に対してのプライバシー意識をきちんと持っていく。プライバシー意識――〝すべての人から侵されない私自身〟というのは、親に対してだってそうなんだって、私は思っています。そこを親の権限で踏みにじっていく、その親というのが、私はとてもいやなんです。

月経痛

次に、月経にまつわる悩みで最も多いのは月経痛です。初経からしばらくの間は痛くないですね。ほとんどが無排卵ですから。初っぱなから排卵が起こる子ってまずいなくて、月経痛というのは排卵がない月経のときには起こりません。無排卵のときには起こらないんです。月経の量もちゃんとあるようになって初めて月経痛というのは起こってくるので、初経から二〜三年たった頃から痛みが起こってきて、だんだんと強くなっていく。

この世の中でこれも私は苛立《いら》ってしょうがないんだけれども、女の先輩である親や教師が「月経は病気じゃない。月経痛も病気じゃない。だから鎮痛剤なんか使っちゃいけません」って、どうしてあんなふうに言うんでしょうね。みんな鎮痛剤は害だ、毒だと言っている。痛い人は本当に痛いんだから。真っ青になって、痛みのためにショック状態になって、血圧も下がって、本当に子宮外妊娠じゃないかと間違えるぐらいの状態になって救急車で運び込まれてきたりする子もいる。本当に辛い子は辛いんだから。毎月毎月、辛い月経痛があるのを「我慢しなさい」というふうに言ってしまうでしょう。痛みを我慢しなさい、耐えろと言うことの無意味さどころか、有害性を考えてほしいと思います。

私自身もすごく痛かった。でも、私も痛み止めなんか飲んじゃいけないと言い聞かされてきていたから、本当に毎月毎月、月経があるのが憂うつでしょうがなかったんです。痛くて痛くて。寝てるとき始まったら、布団から起きることもできない、足も動かせないぐらい。授業中に始まったら最悪ですね。先生の声が耳に入るどころじゃない。

そんな状態のときに、ある日、友だちから「(当時の) セデスを飲んだらラクになるよ」というのを聞いて、「飲んでもいいの?」って聞きました。「あれがないと私はやっていけん」と友だちが言ったものだから、私は薬局にこっそり一人で買いに行って、飲んでみましたら、まあびっくりしましたね。ラクだったから。本当にラクで、これで私は救われたと思いました。今まで何で我慢していたのだろうか、損したと思いました。

私は毎月起こる月経が苦痛の種になってはいけないと思います。少しでも快適に過ごせるように配慮してあげるのも大人の義務だと思います。なのに、なぜ鎮痛剤を飲んじゃいけないと言うんでしょうね。これはできるだけ早く、痛みが起こり始めた最初からピシャッと……。そのときそのときの月経じゃなくて、初経から二~三年たって痛みが始まった最初から有効な鎮痛剤を使うべきです。

プロスタグランディンというものが月経時に排出されて、それが子宮の収縮を引き起こして、痛みを引き起こすと言われています。そのプロスタグランディンは、子宮だけでなく、腸も胃も収縮させる作用があります。だから、痛みとともに吐いたり、下痢したりということも起こるのですね。また、我慢していると、痛いということのストレスがさらにプロスタグランディンの生産を引き起こす。悪循環になっていく。それを断ち切るためにも、早く有効な鎮痛剤を投与して、プロスタグランディンが大量に分泌されるのを抑えてやるべきだと思います。一カ月に一回や二回鎮痛剤を飲むぐらいで副作用云々はまず心配しなくていいです。毎日毎日、頭痛持ちが大量の鎮痛剤を続けて飲むんだったら副作用も心配しなければいけないかもしれませんが、一カ月に一回や二回です。ただし、アレルギーのある子については、鎮痛剤のアレルギーというのがありますから、ちゃんと病院で処方してもらったほうがいいだろうと思います。

あまりに強い、鎮痛剤も効かないような強い月経痛の子には、一度は病院に行ってみなさいというアドバイスをしてあげてほしいと思います。若い子にも子宮内膜症という病気が出てきています。子宮の内膜がだんだんと肥厚してきて、妊娠しないときにはがれて血液とともに出てくるのが月経ですね。ところが、子宮内膜症だと子宮の内膜、厚くなったり薄くなったりする内膜が腹膜とか卵巣とか、他の場所に飛んじゃう。そこでホルモンに応じて出血を起こします。子宮の筋層の中とか、いろいろなところで月経中に出血を起こすから、ものすごく痛いんです。

子宮内膜症というのはかなり厄介な病気で、ひどくなると不妊も引き起こします。そして辛いんです。麻薬でも使わないと痛みが抑えられないぐらい辛いんです。これは早くに見つけて、内膜症の気《け》があれば、今は福音で、適切に使えばかなり進行を食い止めることができるお薬ができています。今は二種類ですね。鼻からチュッチュッと入れる点鼻薬や、注射で半年くらい月経を止めます。もう一種類は、偽療法といって、ニセの閉経状態をつくって、その間に内膜症を枯らせるのですね。もう一種類は、偽妊娠療法といって、ピル、いわゆる経口避妊薬で排卵を抑える方法です。月経の量も減り、痛みも段々となくなっていきます。これらの方法で、ラクに過ごすことができるようになるのですから、病院へというアドバイスをしてあげてくださいね。

月経不順

それから月経不順は、思春期に不順なのは当たり前ですから構いません。期間が飛ぶのはちっとも構わない。ただし、これは妊娠の恐れがない場合だけ。まだ大人の体になる前、不順なのは当たり前だと教えてあげてほしい。けれども、飛ぶ限度は六カ月。六カ月以上無月経が続くのであれば、治療したほうがいいと思います。

ただ、初経からすぐはいいですよ。初経が一回ちょこっとあって、一年たってあったというときは、それが本格的な初経と思っていいと思いますが、バラバラで、二カ月に一回、三カ月に一回みたいなのがポーンと六カ月飛んだら、これは治療したほうがいいですね。六か月たつと、子宮がかなり萎縮してきます。妊娠の恐れがある場合は、六カ月も待っていたら大ごとですよ。その時には産まなければいけなくなりますから、これは妊娠の恐れがない場合に限られることです。

不順は構わないといっても、逆にずっと続く子っているでしょう。一カ月も出血しっ放し。これはかわいそうですね。うっとうしいですね。ずっとナプキンをしておかなければいけないとか、夏場だとプールに入れないとか、いろいろありますので。うっとうしいだけじゃなくて、あまりに長く続く子、結構な量が長く続く子は、貧血になります。小学校の高学年や中学生ですごい貧血になって来院する子がいます。二カ月間、出血しっ放しとか。色が白くなってきてね。長く続く子については、さっさと病院に行って止めてもらったほうがいいと思います。本人が辛いですからね。一番の基準は、本人が辛がっている、苦しんでいるのを無理やり我慢させるということはしないということです。

月経痛とか月経不順というのは、まず内診はしなくて済むと思うんです。ただ、あまりに強い月経痛で超音波で見ただけではわからない、内膜症の疑いがあるというときには内診が一番の決め手になります。ぜひ心得ていてほしいのは、「あそこの先生は内診は絶対しないから病院に行こう」というすすめ方はおかしいということです。今の若い子たちにはその必要性を話せば、ちゃんとわかってくれます。「ちゃんと診察をして、どうなのか見ておこうね」と言うと、「はい」という答えが返ってきます。産婦人科の診察を特別なことのように考えてほしくない。

歯医者さんが口の中を見るのと同じように、内科の先生が聴診器を当てるのと同じように、産婦人科にとって内診というのは必要なときには必要なんです。ただ、こちらも無理強いはしません。いやな子に対して無理やり見なければいけないんだということはしませんから、必要性を話して、抵抗感を持っているときには帰ってもらいます。そして何回か通ってくるうちに自分のほうから気にし始めます。「先生、やっぱり診察してもらったほうがいいんだろうか」みたいなことを言い始めまして、「それはそのほうが私としても安心だよ」ということを言うと、そこで非常に素直になっていきます。

産婦人科の診察というのは特別いやらしい、恥ずかしいことをするんだみたいな意識を持たないでほしいと思います。必要なときには必要なんだ。しかも、さっきも言いましたけれども、性器が特別なところだ、非常に恥ずかしいところだという意識を周りの人が持っていると、診察に来なければいけない子はすごくかわいそうだと思います。本人は「はい」と言っているのに、親のほうが内診について抵抗感を持っていたりね。そういう姿も見られます。

無月経

月経にまつわる悩みの最たるものは、この頃流行《はやり》のダイエットです。一体どうしたんでしょう、今の女の子たちのスリム志向。本当にかわいそうだと思います。人の目を気にしてね。人間にとって大事なこと、健康な体というのはどういう体か、ということをきちんと捉えることができないままに、見かけのかわいさを追い求めていくというダイエット志向というのは本当に困ったものだなと思います。私のクリニックにも、ダイエットから無月経になってしまったという子が常時一〇〇人は通院しています。思春期の、体がしゃんとできる前は、たとえ二キロ落ちても月経は止まります。昔、これほど体重減少性無月経が顕著じゃなかったときは、太ればまた元へ戻ると言われていましたけれども、これがなかなか難しい。体重を元に戻しても、いったん痩《や》せるというストレスを受けて無月経になったものは月経が戻ってこない。中には思春期痩せ症、いわゆる摂食障害に陥る子もいますけれども、そういう子もきっかけはダイエットから始まります。

私は小学校のうちから健康教育の中で、人間にとって健康な体というのは何なのだろうということをきちんと刷り込んでいきたいなと思うんです。女性だったらホルモンのリズムをきちんと持つ。ホルモンのリズムのことまで今お話しする時間がないけれども、ホルモンのリズムをきちんと持つことも健康の条件の一つですね。多くの子が、痩せ始めはなぜかすごく体が軽くなって、集中力が出てきて、頭が冴えて、すごく勉強するんです。成績がグーンと上がるんです。痩せるための努力をしていくと、集中力が出てきて成績がずっと上がっていくんです。これがあまりにひどいところまでいくと、急にガターンと体も動かなくなってしまう。皮下脂肪がなくなるから寒い。夏でも靴下をはかないと眠れないとか、徐脈になってしまうとか。集中力がなくなって、学校へも行けなくなる。そうなると早くにカウンセリングが必要になってきます。

そこまで重症な子については、もちろん専門家に診てもらわなければいけないということはおわかりだろうと思いますけれども、そうなるよりももうちょっと手前の子たち、ダイエット志向から無月経になってしまった子たちには、早く落ちている体重を戻したほうがいいというアドバイスを。しかし生半可なことでは、「よし、体重を増やそう」というふうにはいきません。その説得も大変です。それはきちんと何度も何度も話し合うことによって、体の健康ということを、脅しではなくて真に彼女自身がつかんでいかなければダメなわけでして。六カ月無月経が続いているようであれば、早く受診をさせてあげてほしい。月経が戻らなくなります。

それから、全国大会にも行くようなクラブ活動で激しく肉体を酷使するスポーツをやる子の中にも、かなり無月経が見られます。スポーツ性の無月経。中にはコーチの方が「女は月経がないぐらいのほうがいい記録が出せるんだ」みたいなことを言って、これはおかしいなと。本来、女が持っている体そのものが損なわれていっていい記録を出す、という発想はおかしいんじゃないかと私は思っていますけれども。多くの場合、激しいスポーツによって月経がなくなるというのも、もとは体重減少性無月経と同じです。入るカロリーと使うカロリーのバランスの問題ですから、たくさん食べているようでも、それ以上にカロリーを使っていけば体重は落ちていく。極端な痩せじゃなくても、思春期というのは大人になっていく過程だから、体重は増えていくのが当たり前なわけで、それが横ばいであったとしても体重が減ったと同じような意味を持っていきます。身長は伸びていっても、体重だけはこう……。

私は、もちろんスポーツでいい記録を出すこと、勝ち抜いていくことも必要だけれども、何よりも大切な健康な体を親も教師も本人もちゃんとつかんでいってほしいなと思います。見かけのかわいさを求めて、人の目を気にする。あれは異性の目を意識するんじゃないんです。思春期の子は同性の目を意識していくんです。そうじゃなくて、自分はかけがえのない自分自身なのだという意識を早くから刷り込んでいきたいと思っています。

バスト

バストも悩みの対象のトップに近いものですね。大きい子は大きい子なりに、小さい子は小さい子なりに悩みます。何でも中間がいいみたいな、何でも人並みがいいみたいなね。大きい子の悩みも深刻なんですよ。ただ、多いのは小さいという悩みです。それから乳首が引っ込んでいるとか、乳首の色が濃いとかね。色が濃いというのは、さっきも言いましたようにメラニン色素、ホルモンの問題です。乳首が引っ込んでいるなんて、ブラをしなくたってポッコンと飛び出なくていいじゃないの。飛び出てる子はニップレスみたいなのを貼って、苦労しなきゃいけないんだからと。引っ込んでたって困ることは何もないわけです。今では陥没乳頭用の保護器があって母乳を飲ませられるようにもなっていますから、何にも困ることはない。でも、本人は深刻ですから、いま私のクリニックでは陥没乳頭用吸引器――五百円くらいのものですが――いつもそれを置いています。おもちゃのラッパみたいなものをつまんで、乳首に当てて離すと、引圧になって乳首が飛び出すのですね。「お風呂で毎日、それで吸引しなさい」と言って渡します。

ただ、オッパイが小さいという子が非常に悩むんです。日本人のほとんどがバストは小さいんです。小さいのが本当に普通なんだけど、皆さん立派なバストをしているように見えるじゃないですか。街を歩いていても、カッコいいバストの人たちがたくさんいる。でも、それは多くの女たちはパットをブラジャーの中に入れているんだと（笑い）。「見かけがいやだと思うんだったら、パットを入れればいいんだよ、あなたも」と言うと、「好きな人ができて、裸になったときにバレてしまう」という（笑い）。好きな人ができたときに、体のコンプレックスというのは非常に大きくのしかかってきます。

クリニックに訪ねてきてもらったときには、一応、診て判断します。ウチは私も含めて看護婦さんとか受付とか検査の人とか、一〇人でやっているんですけど、バストが大きいのは一人だけなんです。みんなペチャパイなんですね。「ねえ、この人たちを見てごらん。みんな、ちっちゃいでしょう。あなたと同じぐらいじゃない。でも、あの人たち、とっても気の毒に見える？　かわいそうって思える？　みんな生き生きして、ちゃんと仕事してるでしょう」って。中には結婚しているスタッフもいるんですね。彼女は子どもも産んでいて、「私、結婚前に今の旦那さんにオッパイ見られたけど、だからってキミのことを嫌いだなんて言われなかったよ」と言うと、ニコッと笑ってそれで収まっていく。

基本的には体というのは、多くの人がさまざまなコンプレックスを持つものなんだと。「私は顔もスタイルもすべて完璧です」という自信のある人はほとんどいないし、いてもほんの少数でしょう。そして、そこまで自信を持つ人って、おそらく自信満々の鼻持ちならない人だろうねって。人間というのは少々コンプレックスがあったほうが、人の痛みもわかる、やさしい人になれると思うよ。あなただってもし誰か男の人を好きになったとき、その男性に完璧を求める？　その男性がすべてそろってなきゃいやだと思う？　そういう男はきっと鼻持ちならない男だと思うよ。少しぐらい悩みがあったほうが人間味のある男になれる。そう思わないかと……。

小さくたって機能的には何も問題ないですし、「いつか妊娠したらクイクイ大きくなるよ」と言うとうれしいですね、妊娠してオッパイが大きくなっていくと。ブラジャーでバッと締める重たい感触を味わえるとかいうのは。妊娠したらクイクイ大きくなるし、オッパイもたくさん出る。その代わり、またシューッとしぼむけどね（笑い）。機能としては問題ないということと、小さいのは小さいで、その小さいオッパイのあなたがあなた自身だという、そこまで受け入れていってほしいなと思います。でも、そのコンプレックスも含めて自分自身なのだということが認識できるようになるには、ちょっと時間がかかるだろうと思います。ただ、時間はかかっても、認識できるようになるまでこちらから支えてあげる、アドバイスをしてあげるというのは必要なことだろうなと思います。

性にかかわる悩み

自分の性行動と妊娠とが結び付いていない

実は「性にかかわる悩み」――妊娠だの人工中絶だのということを一番長くお話ししたかったのですが、時間が迫ってきてしまいました。しかし、ここは大事なことですから話をさせてください。とにかくどんなに若くてもセックスをすれば妊娠という事態が起こり得るので、中学生だから、小学生だから妊娠しないだろうと思っちゃいけない。大人自身がちゃんとそれを教えてないんですね。セックスをすれば妊娠するということをきちんと教えていない。思春期の妊娠というと、喜びをもって出産・子育てをしていくという妊娠にはなり難い面があります。やはり妊娠という事態は戸惑いになっていきますから、痛々しいです。産めない、育てられない妊娠をすることは非常に痛々しいです。

ただ、彼女たちに接していて思うのは、セックスによって妊娠するということぐらいは誰だって知っている。でも、それが本当に自分のものになっていないんですね。自分の行動と結び付いた力としての知識になっていない。つまりセックスというのは望むにしろ望まないにしろ、たった一回だって、たとえレイプ、無理やりだって妊娠する行為なんだよ、という迫るような教え方をしてないんですよ。

一回でも精子が入ってくれれば妊娠するんだからね、というふうなね。この行為で私は妊娠する、この行為で彼女が妊娠してしまうんだという切実感をもって結び付いていないんです。妊娠した時点で初めてうろたえて、戸惑って涙するという痛々しい姿になっていきます。まず、そこがきちんと捉え切れていない。

人工中絶の罪と害ばかりが強調されている

それから今、私が本当に辛いのは、人工妊娠中絶の罪と害の強調をガンガンにやっちゃうところがいまだに多いということです。人工中絶というのは殺人だ、女の体と心を傷つけるやってはならない行為だというのを、教育現場でやっちゃうところが結構まだあるんですよね。待ってください。人工中絶というのは殺人じゃありません。これはきちんと法律でも認められた行為です。ただ、悲しいことです。悲しいことだけれども、それでも望まない妊娠をしてしまった女のたった一つの救済手段として人工中絶があるんだと。女の救済手段としてあるんだよ、ということを同時に提示してあげなければ卑怯《ひきょう》だと思います。そういうことをきちんとやらないで殺人だとやっちゃうと、その結果どうなっていくか。

いま言いましたように、性交と妊娠が直結していないところで人工中絶の罪と害の強調をガンガンにやっちゃいますと、それはそれでスーッと入るんです。あれは殺人だ、あんなことやっちゃいけない、私はあんなことしないわ。そしてその結果、妊娠して産んでも育てられないのに、堕ろせない子が出てきています。「赤ちゃんを殺すのはいや」って、その一点にしがみついてしまう。また、周りの説得で、何とかかんとか堕ろしたけれども、そのあと立ち直れない子が出てきています。「赤ちゃんを殺した」というのでズタズタに傷ついていて、朝から晩まで布団かぶって泣き続けてね。担任の先生が行って説得したけど、「僕の力では立ち直らせることができません。どうか彼女の立ち直りに力を貸してくれませんか」というSOSの連絡がかかってくることがあります。

人工中絶の罪と害の強調をガンガンにやって、この子は堕ろさない、産む、殺人はできないといったときに、周りの大人たちはどう反応しているかというと、「堕ろせ、堕ろせ」の大合唱ですからね。人工中絶攻撃をかけていきます。それはいいことだ、産んで育てなさい、育てるために何とか援助してやろうというふうにこの社会全体の方向が行っていますか。決してそうじゃない。今の社会の中で若い子たちが子どもを産むというときに、どれだけの援助のシステムができているか。または世間の目、社会的な常識云々がどれだけそういう子たちに冷たい目を向け続けているかということを知ってほしい。

この社会の中で、悲しいけれども必要とする女がいる、人工中絶とはその救済手段だと思っています。私だって、あんな仕事はいい仕事だとはちっとも思っていないし、しなくて済むならばそれに越したことはない、と思っていますよ。中絶手術を受ける本人も辛いですしね。ただ、もし私たちが「人工中絶はおしまいです。私たちは二度と人工中絶をしません」といって道具を捨てることができる時が来るとしたら、それは望まない妊娠をする女がいなくなったとき、望まない妊娠をさせる男がいなくなったときです。そのときこそ私たちは心からの笑顔で人工中絶終了宣言をすることができるだろうと思います。

今の社会全体の若者たちへの性の教育というか、性の伝え方の現状を考えると……。性というのは基本的には生殖行為だ。望まなくても妊娠はするのだ。望まない妊娠をしないためにはどうすればいいか。避妊についてもきちんと教えていっているか。そういうことも教えてないところで人工中絶の罪と害の強調だけをガンガンにやっちゃうと、若者たちが追い詰められて、かわいそうだなと思っています。

本来なら、産んで育てたいという非常に素直な気持ちがかなえられて、産んで育てながら学校教育もきちんと終えていけるようなシステムであれば、私は人工中絶の害を強調することはまだ許されるだろうと思います。でも、出産していく子たちが学校現場からも切られていくような状況の中で、よくもまあ人工中絶の罪と害の強調をガンガンにやってくれるわと、本当にそう思います。そういう人たちは、人工中絶の罪と害を強調することによって若者の性行動を抑えてやろうという、そういう目論見《もくろみ》があるんです。若者たちは人工中絶ができると思っているからセックスするんだろう。人工中絶を脅すことによってそこを閉ざしてしまえば、セックスもしなくなるだろうと。全然そうじゃないんです。最初から人工中絶すればいいわと思ってセックスしているわけでは決してないんです。それはいま言いましたように、性行動と妊娠が直結していってないところから発する性行動ですから、脅すことによって性行動を抑えてやろうと思っても、決して功を奏さないと思います。

私にしてみれば、人工中絶できるうちはまだいいよって、本当にそういう思いなんです。病院に来たときには遅くて、もう人工中絶ができなくて産まなければいけなくなった子、これほど悲惨なものはありません。もちろん産むという事態を相手の男性がきちんと引き受けてくれて、二人で働いて二人で力を合わせて育てていこうというふうになってくれたら、それは結果的には笑顔で赤ちゃんを抱いて退院して行けるんです。でも、男性が「困る」と言ってしまったら、「赤ん坊なんて俺には育てられない」と言ってしまったら、今の日本の社会で女一人で子どもを産み育てるということができるだろうか。もちろん、できます。が、それは年齢もしっかりしていて、社会的にもしっかりした職業と収入がある女性なら、強く頑張って一人で産み、一人で育てるということもできるだろう。でも、例えば中学生や高校生のような若い女性たちがそういうことをできる社会の状況にありますか。彼女たちが出産しなければならないということがわかったとき、これは本当に大変なんです。

本人はまず自殺を考えます。親は親子心中を考えます。そういう彼女たちには、「こんなことであなたの人生が終わってしまうわけじゃないんだ、いくらでも道はあるから」というような、本当に強い説得と励ましが必要になってくる。でも、赤ちゃんを産まなければならないわけです。そして育てられない、手放していくという過程では本当に大変です。心の中がズタズタになっていきます。

妊娠週数を知らない、教えていない

私はずっと養子縁組のお世話をしてきていまして、今でも毎月一人ずつ養子縁組のお世話をしています。手続きも大変なんです。でも、それより彼女たちの立ち直りのほうが大変なんです。出産をして、赤ちゃんを養子縁組して引き取ってもらってということをした中でも、私は小学生の出産も二人、養子縁組のお世話をしました。許せない犯罪の被害者なんだけれども、小学生だから周りも妊娠なんて思いもよりませんから、来たときには遅いんです。

彼女たちに接していて思うのは——圧倒的に中学生、高校生が多くて、小学生はたった二人ですけれども——高校生であっても妊娠週数の数え方とか月数の数え方を全然知りません。教えられていません。いつ頃が分娩予定日かというのも全く教えられていません。教えられていないところで「十月十日」という言葉があるでしょう。特殊な数え方をするということを教えてない。彼女たちには思い当たる日がある。生理が遅れている。私は妊娠している。性交を持った日からちょうど一カ月たったから私は妊娠一カ月だと。あの日から二カ月たったから、もう妊娠二カ月になってしまったよ、とそう考えるんです。そう考えても何も不思議はない。それがいわゆる数学の数え方ですから。

だから、「今、妊娠何カ月だと思う？」と聞くと、「三カ月だと思う」という子はたいてい五カ月ですよ。講演の中で生徒たちに「性交から二週間しかたってない、その時点ですでに妊娠二カ月というんだよ」と言うと、「エッ、どうして？　ウソー」とかいうことになる。全然教えられてないから。教えてないところで、「十月十日」なんて言っているわけでしょう。いつ頃生まれるかなんて、びっくりするほど早いんだから。八カ月ちょっとでしょう、性交した時点からいえば。そんなことも、きちんと科学的なこととして教えればいいのに、教えていないんです。

周りに相談相手がいない

もう一つ、親は何をしていたのか、どうして気づかなかったのかと言われる。無理です。悩んでいる間は隠しますから、隠している間というのはわかりません。「なぜ見つけなかったのか」じゃなくて、その子の身の周りに「なぜ一人たりともその子の相談相手になる大人がいなかったのか」、そういうふうに捉えています。

だって、人工中絶が可能な時期は妊娠二一週まででしょう。最終月経の開始日から二一週までは、おなかは全く出ませんから、おなかが大きい、おかしいと気づいて連れてこられた子って、月数でいうともう九カ月ですね。どうしようもない。「見つけましょう、見つけましょう」では決してないと思うんです。

妊娠九カ月で私のところに来たバレーボール部の現役バリバリの選手というのがいます。九カ月になってもレギュラーでガンガンにバレーをやっていた。学校にももちろん行っていて、その日の朝までもちろん親と一緒に住んでいて、来たときには陣痛が始まって生まれる寸前だったという子もいます。誰も気づいていない。なぜ気づかなかったのかじゃなくて、なぜ相談に乗ってやれなかったんだろうかと思います。来てすぐに産んだ子というのは、保健室に何度も何度も行った。「先生、助けて。私は妊娠してるよ」って言いたくて何度も行った、でも言えなかったって。「言えなかった、言えなかった」と言って泣きました。本当に痛々しかった。本当に何とか言いたかったでしょう、一人で抱え込んでいてどんなに辛かっただろうかと、こちらが涙が出るような思いがいたしました。

私は、大人の側が広く受け入れる、しんどいことがあったら助けるよ、という姿勢を持っていてほしいと思うんですね。それは家庭でも教育現場でも。先ほど私は、「親は子どものすべてを知っているわけじゃない。子どもは親にすべてを話すわけじゃない。秘密を持つものだということを知らなければいけない。知った上での人間関係づくりを」と言いました。

私も、四年生の娘が私に作文を見せなくなった時点から、娘に「見せたくないものは見せなくていい。私にも覚えがあるから、よーくわかるよ。あなたが見せたくないものをあなたがいないときに探してこっそり見るということは絶対しないから、それは信じて大丈夫。ただ、学校から親へのお手紙はちゃんとあなたが責任を持って親に渡すこと。それをしなかったら、私はあなたのランドセルを探さなきゃいけなくなるからね」と伝えました。

それから私はさらに、「親へのお手紙をちゃんと渡してくれるんだったら、あとは見せたくないものは見せなくていい。ただ、これだけは知っておいてほしい。これから先、あなたが生きていく上でいろいろしんどいことがあるよ。友だちのこととか、壁にぶち当たって自殺したくなることだってあるかもしれない。辛いことがいろいろあるだろうと思う。そのときにはここに相談相手がいるよ。私はあなたの親なんだから、あなたにどんなことがあっても助けてやりたいと思うし、あなたと一緒に物を考えることができると思う。ここに相談相手がいるということだけは忘れないで」というメッセージを、息子に対しても娘に対してもずっと送り続けたんですね。

いざというときに、本当に困り果てたときに相談してみようか、みたいなね。私はそういうふうに思ってもらえるような親でありたいと思っています。これは教育現場でも通ずるところがあるだろうと思うんです。学校現場にたった一人でも相談に乗ってくれる先生なり、どなたかがいらっしゃる学校の子どもたちというのは救われている、本当にそう思っています。これが相談に行ったら、担任と生徒指導の先生に直結してすぐバレてしまって、やれ処分だ何だということが一つでも出てくると、あの先生に言ったらえらいことになるというのは子どもたちの間にすぐ広まりますから、絶対それからは相談相手としては見てくれないだろうと思います。

私のそばで、子どもたちが「親にだけは知られたくない。お母さんだけには言わないで」と言って泣く姿を見てきて、本当に寂しい状況だと思ってきたんですね。どうして日本の大人たちは若者たちの相談相手たり得てないのだろうか。大人の側は若者たちから切られているのだ、本当に信頼されていない、心を寄せて相談する相手として見られていない。特に「お母さんだけには知らせないで」というわけで、そのお母さんは子どもからしっかり切られている、そう思っています。

ふところ深く、間口を広く受け入れてあげるというか、悩んでいる子は助けてあげるという、そういう立場でいてくださったらなと思います。ただし、もちろん一人だけでは対処できないことが起こってくるかもしれない。特に暴力団関係が絡んできたりすると。そういう場合に他に助けを求めなければいけなくなったときには、あくまでも本人と話し合った上でが大事だと思います。十分に話し合いながら、本人の了解を得ながらするべきことであって、思春期の子どもたちに対して一番やってはならないことは、その子を裏切るという行為だと思います。それが結果的にその子のためになると判断しても、やっぱり裏切られたという傷はものすごく深いものだということを知っていてほしいと思います。

子どもの話を本気で聞く――そして、適切なアドバイスを

今回は、ＳＴＤ（性感染症）とレイプ被害については時間がなくて話せませんでした。これも今の話の中に集約されていると思いますけれども、ＳＴＤの恐れ、病気になったんじゃないかというときには、ざっと話を聞いた上で「早く専門医へ受診するように」ということはアドバイスしてあげてほしい。

それからレイプ被害については、第一に本気で話を聞いてあげるということです。絶対に疑いを持って接してはいけないということ。性交までいかなくても、いわゆる性暴力というか、大人が言うところの〝イタズラ〟の領域であっても、その子にとっては本当にすごく深い悩みなのです。

私はこのたびの性教協の全国夏期セミナーで「子どもたちは狙われている」という分科会のコーディネーターを務めましたけれども、性被害に遭う子どもたちは本当にたくさんいるんです。殺人にまでいけば社会は大騒ぎするけれども、その前の段階で、学校現場で教師からとか、家庭の中で親からとか、そういう被害に遭う子たちもいるんです。本当に胸を痛めて、やっとの思いでＳＯＳを求めてきた子に「その話、本当なの？　ウソ言ってるんじゃないわよね」みたいな対応をしちゃうと、さらに二重、三重の傷を与えてしまうことになる。そういう被害に遭ったということを訴えてきた子がい

たら、とにかくその話を本気で聞いてあげてほしいということ。そしてレイプされてしまったということが起こっていれば、彼女をちゃんと説得して、一刻も早く病院へ連れて行ってあげてほしいと思います。できれば生々しいうちのほうがいいです。傷のチェックとか、もし形跡、例えば精液が残っていれば濾紙《ろし》に染み込ませて採りますしね。それから病気にかかっていないかとか、妊娠の恐れはないかとか、その辺はとても大事なことです。早ければ、今ではアフターピルで、妊娠だけは何とか防ごうということもできますしね。

レイプに遭ったら、それでその子の人生はおしまいかというと、決してそんなものじゃない。最終的なアドバイス、立ち直りへのアドバイスというのは、「世の中には変な人もいるんだけれども、そういう人にたまたま行き当たっちゃったあなたは、交通事故に遭ったと同じようなもの。でも、世の中そういう人ばっかりじゃないし、また素敵な人との出会いがあるかもわからない。体というのはいくらでも立ち直っていけるものだ。病気になっていたら病気を治せばいいんだし、もし不幸にして妊娠していたら、妊娠についてはきちんと対応していけばいい。体というのはたくましいもので、治していけるよ」って。体が治っていくのと同じように、心のほうも徐々に立ち直っていってほしいと思うんです。具体的なケアについては、また機会がありましたらお話しさせていただきます。

講演Ⅱ

10代の受診から見えてくる性教育への提言

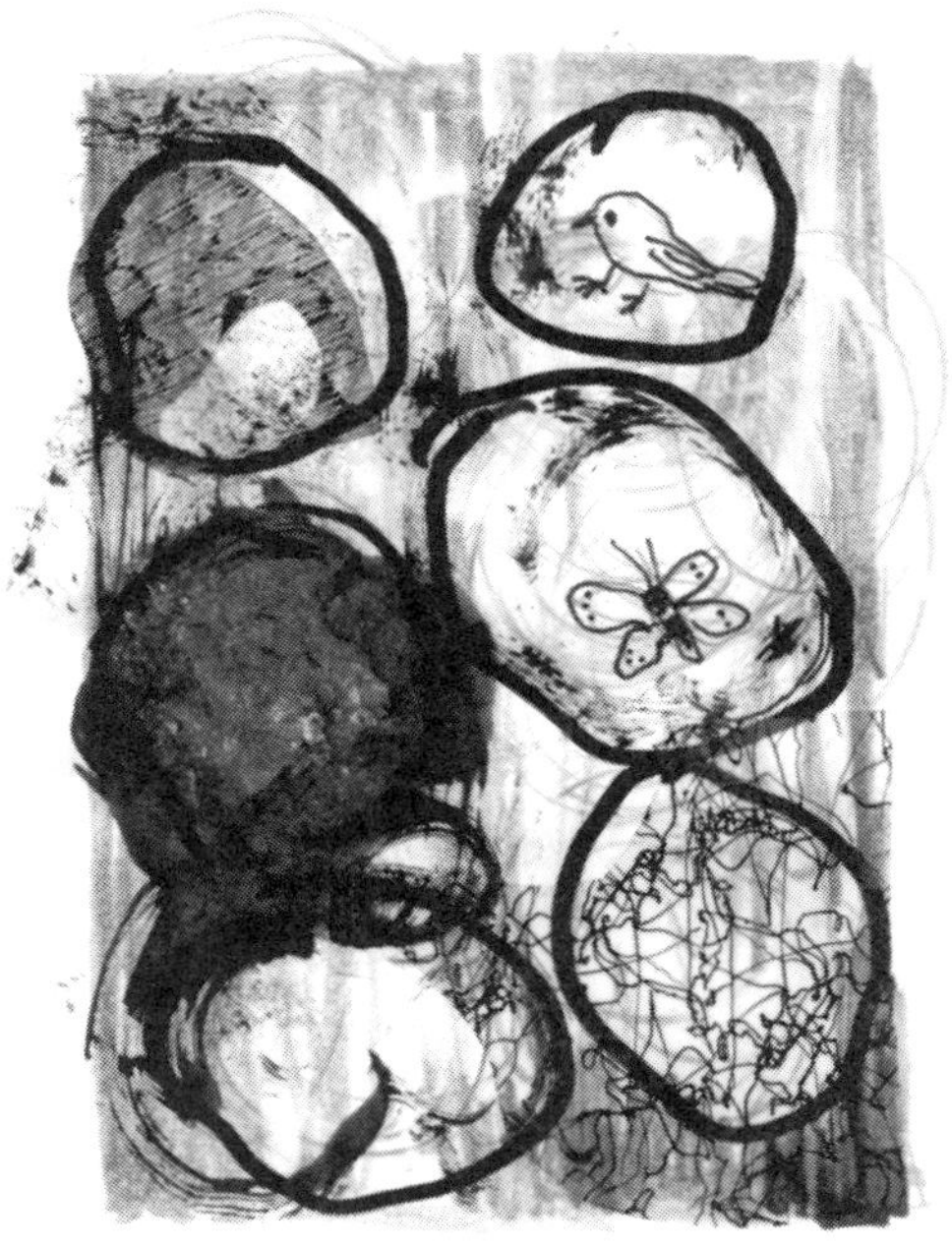

2002年8月10日講演〔"人間と性" 教育研究協議会主催＝性教協第21回全国夏期セミナー「理論講座」／広島プリンスホテル〕

私は一九九〇年一一月一九日に産婦人科クリニックを開業いたしました。場所は広島市の紙屋町という繁華街のど真ん中で、交通の便の良い所です。

さまざまな方々が私の医院を訪れてくださいましたが、開業以来ちょうど一〇年の、二〇〇〇年一一月一八日までの一〇代の受診者の全カルテをチェックし、そのデータの分析・検討を行ないました。今回はそのデータを紹介しながら、そこから見えてくるものをお話ししたいと思います（本文中に触れられたデータを含め、この調査結果から主要なものを文末にまとめてあります）。

月経のトラブルから見えてくるもの

患者さんたちの月経のトラブルで一番多いのは、いわゆる卵巣機能不全による不正出血などです。一〇代のうちはまだ不順でも構いませんが、ずっと続いて止まらないとか、極端に量が多いときは、うっとうしいし、貧血が心配ですので、受診したほうがいいのです。また、妊娠の恐れがない場合、六カ月間無月経の場合は、受診したほうがいいです。

妊娠の恐れ→違った

月経のトラブルについてまとめたデータの中で、月経が遅延して妊娠を心配してきたけれども、違っていたというものが五七二例ありました。彼女たちには必ず現在の避妊法を尋ねます。もし危険な場合には、このままを続けていたら、いつかはきっと妊娠するだろう、そうなったらどうするのか、産むのか、育てられるのか、という問いかけと警告を必ず行ないます。

●体重減少性無月経

ダイエットブームの中での体重減少性無月経が四二五例というのも無視できません。この中には神経性食思不振症も含まれます。そのような場合は精神科医との連携が必要となります。体重減少性無月経というのは、死亡する人もいます。いわゆる餓死ですね。緊急に入院させなければ命にかかわるという一つのラインは、一般的な身長の方ですと、だいたい二七キログラムを境として判断しています。中には、早く入院させないとこの場で死んでしまうのではないか、というような状態で担ぎ込まれたりするケースもあります。現在のダイエットブームは、この辺できちんと見直しをしなければいけないのではないでしょうか。「スリムなのがカッコイイ」のではなく、「健康な身体でこそカッコイイ」というように意識を変えていかなければなりません。

月経トラブル

月経不順（含 不正出血）	1043 例
妊娠の恐れ→違った	572
体重減少性無月経	425
月経困難症	629
子宮内膜症・筋腫	43
排卵期出血	40
乳汁分泌性無月経	17
原発性無月経	47

スポーツ性無月経

この数字の中には長距離の陸上選手やバレリーナ、新体操の選手などの体重制限が必要な人のスポーツ性無月経も含まれております。スポーツによって起こる無月経は、それぞれの生き方の問題につながっていくことです。「私は生涯バレリーナで生きていきます」という人に「太れ」とは言えません。

しかし、長期の無月経というのは、骨粗鬆症《こつそそうしょう》、疲労骨折などの心配があります。身体にとってホルモンはとても必要なものですので、「太りなさい」ではなく「じゃあ、ホルモンを処方しましょう」などの接し方で、それぞれの生き方を考えた上で、お互いに話し合いながら、治療法を決めていくべきものだと私は考えております。

月経痛

それから月経痛で来院した方が六二九例。なぜか、月経痛に鎮痛剤は害だからと、無理に我慢をさせられている例が多く見られます。月経痛の我慢のストレスは、子宮を収縮させるプロスタグランディンという物質の分泌を増加させ、さらに月経痛を強める結果となります。適切な鎮痛剤を早くから内服して、ラクに過ごすようにとの発想の転換が必要です。中には子宮内膜症や子宮筋腫で治療を要するケースも四三例見られました。鎮痛剤を使ってもなお治まらないほどの強い月経痛の場合、産婦人科を受診するようにとの指導が必要です。

●排卵期出血

排卵期出血が四〇例あり、月経と月経の間、排卵期に少量の出血があっても生理的なことで心配は要らない、ということを知らないためだと思います。

●乳汁分泌性無月経

脳下垂体からのプロラクチンの分泌が多いための乳汁分泌を伴う無月経が一七例あります。安定剤や胃薬、抗うつ剤の一種とか、それらの薬を内服している場合はその影響が考えられます。そうでない場合は脳下垂体の腫瘍が考えられますので、脳外科に紹介し、腫瘍の有無の検査、手術などの治療を依頼しています。無月経の場合、必ずプロラクチンのホルモン検査もしなければならないと考えています。

●原発性無月経

原発性無月経というのが四七例あります。この中には染色体がXYだけれども、ちゃんと膣も子宮もあるという、いわゆるXY女性や、X染色体が一つしかないターナー症候群、子宮・膣が欠損しているもの、子宮だけが欠損しているもの、などなど染色体異常や性器の奇形などが七例ありました。

原発性無月経の中には、初経が始まる前の体重減少性の無月経やスポーツ性の無月経も二四例含まれます。今は小学生のダイエットも増えているのです。それから、小学生のうちからの激しいスポーツが明らかに原因の無月経です。純粋型性腺形成不全症というのが四例。などなど、原発性無月経にはさまざま姿があります。

月経を到来させることや妊娠が非常に困難な、深刻なケースが含まれていますが、それらが不可能であることを自覚するのは、本人にとって大変なことです。学校でも「必ず初経は来る」と教えられますから、「それが私には来ない」ということを、いつの時点で知らせるのがいいのか、苦慮するところです。

妊娠は不可能でも、人間にはさまざまな生き方があるのであって、自分は今後どう生きていくのか、自分で考えて将来に向けて取り組んでいくためには、あまり遅くないほうがいいだろうと考えています。女の子は結婚して子どもを産み育てるのが一番の幸せということではなくて、人にはさまざまな選択肢があり、さまざまな生き方ができるのよ、という柔軟な教育がなされていればなあ、と思います。

悩みを受け入れてアドバイスを

●体や性の悩み

診断別に分類されない主訴の中に、「体や性の悩みがあって」というのが一六二例ありました。これはもう大体その内訳は決まっていまして、「自分の性器が異常」「バストが小さい」「乳頭が陥没している」「毛深い」といった例に集約されます。女性の身体の基本、特に外性器についての教育がされていないからです。知らないからこそ、小陰唇の発育を、全く異常もないのに、〝異常だ〟〝奇形だ〟と思い込んで、自殺を考えるほど悩み、悩んだ末に来院して来る方がいるのです。男の子の「ペニスのサイズ」「包茎」についてなども同様です。性器も含めて身体を科学的に正しく教えないといけません。

そして、人の身体はそれぞれなのだということも。

「毛深い」という訴えに対しては、ほとんどが思い込みですが、それでも本当に毛深くてスカートもはけないほどひどいものについては、「経済的に可能な範囲内での治療を受けるように」というアドバイスをしています。最近はレーザー脱毛が進歩していますが、この方法はお金がかさみますので、もう少し大きくなって自分で稼げるようになってから。それまでは他の何らかの対処法、例えば除毛クリームを使うとかという指導になります。思春期の心が揺れ動くときに、単に「異常はないから」というだけではなくて、相手の悩みを受け入れて何らかの対処法を提示することも必要だと今は思っています。

●月経の移動

それから「修学旅行や部活の試合などで月経を移動させたい」というものが

診断別に分類されない主訴

体や性の悩み	162 例
月経の移動	149
性暴力の被害	68

一四九例ありました。これらは、いわゆる中用量ピルの服用で可能です。よく「ホルモン剤は害だから」と言われたりしていますけれども、ごく短い期間、ホルモン内服しても、身体には問題ありません。仮に小学生であっても、せっかくの時は月経でないほうがいいと望むのであれば、薬を処方しています。

●性暴力

「性暴力の被害に遭って」というものが六八例ありました。

性暴力の被害者というのは、身体的な痛手のみならず、精神的に深く傷ついています。その精神的後遺症は深刻で、身体のケアと共に、将来に向かって持続的なカウンセリングを要しますが、まだまだ日本ではそのカウンセリングシステムが軌道に乗っているとは言えません。私が彼女たちに向き合うときの基本は、とにかく寄り添う。ずっと寄り添っていきます。

「本当に大変な目に遭ったね。でも、殺されなくてよかった。生きててよかった。身体の傷や病気は治せる。だから治そうね」

ということと、もう一つは、

「あなたは、決して悪くはない。あなたに落ち度はないんだよ。あなたは被害者なんだから。悪いのはあくまでも加害者なんだからね」

ということを必ず伝えます。性暴力の被害者の特徴として、被害者であるにもかかわらず、自分を責めて苦しむことがあります。だから、その配慮はとても大切だと思っています。警察に訴えるか否かということは、私としては性犯罪者の再犯性などを考えると、ぜひ訴えてほしいとは思うのですが、これはあくまでも本人の意思によります。ただ、本人が警察に行きたいというときにも、訴えることによってさらに傷つくことがないような配慮が必要です。

例えば性犯罪一一〇番、広島ですと県警ですね、これは全都道府県に設置されています。フリーダイヤルになっておりまして、公務員の勤務時間内であれば、ほとんどの場合、女性が対応してくれます。ただ、土曜日とか時間外はダメです。太い男の声が出てきますから、がっかりしてしまいます。まずそこに電話をして、その人と打ち合わせをした上で警察に行く。「〇〇警察署の〇〇さんを訪ねて行きなさい。ちゃんとお話ししておきますからね」という手配をしてくれます。約束の時間に訪ねていくと、女性の警察官がそこに待機してくれています。このようなワンクッションを置くことで、かなり行きやすくなると思います。とはいえ、まだまだ警察にはいろいろな課題があります。これらのうち一二例が、警察によって加害者が逮捕されています。

それから最近、特にこの五年間で、実父・義父・実兄などの身内からの性暴力被害が五人、塾の先生からの被害が三人など、身近な相手からの被害が目立ってきています。

診断に訪れる性感染症の人々

性感染症については、一年間だけですが一〇代より上まで年代を広げて、すべての性感染症について調べたものがあります。そのデータの中ではクラミジアが一番多く、それ以外にも、コンジローマ、トリコモナス、ヘルペスなどがあります。一年で二三四例ありまして、これらが合併しているものもあります。

年代別に見てみますと、一〇代はやはりクラミジアが一番多い。性器ヘルペスになると、二〇代、三〇代をピークとして七〇代まであります。六〇代、七〇代の方のヘルペスというのは本当にかわいそうで、「どうしてこの年になってこんな病気に」って言われますが、「あなたのパートナーに尋ねなさい」とは今さら言えないし、私の立場としてはあまり騒ぎにならないように、〝とにかくラクになればいいから〟みたいな感じでやっていますが、やはり痛々しいです。

症例①（一九歳／相手の男性は一八歳のプロスポーツ選手）

三日前から四〇度の熱と外陰部の痛みを訴えて来院しました。この方もヘルペスとコンジローマでした。相手の男性は一八歳で、プロのスポーツ選手です。プロになる前にすべてのＳＴＤの検査をして陰性だったので、病気は持っていないということで、コンドームを使ったり使わなかったりということでした。本人も彼も、ＳＴＤは大丈夫だと思っていたようですが、そうしたらヘルペスとコンジローマにかかりました。実はこの二つの病気は、事前の検査を行なうことはできません。検査がないからすり抜けていくのが、ヘルペスとコンジローマなのです。

10代の性感染症

クラミジア感染症	247 例
性器ヘルペス	68
尖圭コンジローマ	55
トリコモナス膣炎	30
淋病	9
毛じらみ	4
梅毒	1
計	414 例

性感染症年代別内訳

	10代	20	30	40	50	60	70	計
クラミジア	41	56	6					103
性器ヘルペス	7	41	25	7	3	3	1	87
尖圭コンジローマ	7	15	3					25
トリコモナス	1	4	4	2	1		1	13
淋病		7	1					8
毛じらみ	1	2	1					4
梅毒		1	1			1		3
計	57	126	41	9	4	4	2	243例
合併を除いて	55	120	40	9	4	4	2	234人

症例②（一九歳／ファッションヘルスに勤務）

いわゆる〝本番《ホンバン》〟のない風俗（ファッションヘルス）に勤務している一九歳の女性。この方は、初診が尖圭コンジローマ、カンジダでした。治ってからまたコンジローマが再発して、今度はクラミジアにも感染してしまいました。それで両方治療して、治ったのですが、またしばらくして再発しました。が、その患者はある時からパタッと来なくなりました。

来院のたびに私はコンドームを使うことをすすめたのですが、ファッションヘルスですから、〝本番がない〟ということが建前となっているので、コンドームの用意はできないと。しかし、それはあくまでも建前であって、実際には〝本番〟もあるわけです。あんまり私がうるさく言うので、私のところに来るのがいやになったのでしょうね。

口からもうつる性感染症

最近、私はエイズの電話相談の当番などもやっておりまして、その中で「〝本番〟がなければ大丈夫ですか？　口でうつることはありませんか？」といった質問を受けることがとても多いのです。淋病やクラミジアは口からもうつりますから、フェラチオでもやはりコンドームが必要であることを伝えていますが、フェラチオでコンドームが使われることはまだほとんどないのが現状と言えます。ファッションヘルスなどの〝本番〟がないとされる風俗が性感染症の温床になっている、とても危ない場所、ということを知らなければいけないと思います。〝本番〟があるのが当たり前のソープランドの場合、広島では以前はコンドームは使えなかったのですが、一斉にコンドームを使うようになってから、すべての性感染症が姿を消したのです。しかし、また最近、少しルーズになってきているのが現状です。

要は「コンドームを使うか、使わないか」に集約される

私はもちろん、「ファッションヘルスは危険だから、ソープランドに行け」と言っているわけではありません。「愛のないセックスで性感染症はうつる」とか、「愛のあるセックスならばうつらない」ということではなくて、要するに「コンドームを使うか、使わないか」――それがすべてだと思っております。

それから、ピルの解禁に引っかけて「ピル解禁は性感染症を増やす」とよく言われていますが、調べてみましたら性感染症になった人の中でピルを使っている人は一人しかいないんですね。私は、低

用量ピルが解禁されてピルを投与していますけれども、今の時点で望まない妊娠をしないためにピルを求めている人というのは、自分の身体のことをきちんと考えることができる人なんですね。性感染症を持たない者同士であれば、避妊だけで良いわけですから。「ピルを飲んで性感染症をもらってくる」といったような偏見は持たないでほしいと思います。女性にとって望まない妊娠をしなくて済むことは、大きな福音の一つなのですから。

産むか、産まないか——その判断基準は……

厚生省（当時）母子保健の主な統計（『母体保護統計』等）によりますと、まず「世代別にみた全妊娠数に対する中絶率」を見てみると、全年代通しての全体平均は二二・三％ですが、一〇代（二〇歳未満）では六八・二％と非常に高い中絶率になっています。また、一九九七年における全年代の全人工妊娠中絶件数のうち、中期中絶（満一二週～満二二週）の占める割合は全体平均五・八％ですが、一〇代（二〇歳未満）では一二・六％となっており、一〇代の中期中絶率は大変な高率であると言えます。これらのほとんどは、妊娠に気づいていながらも、一人で抱え込んで、悩んでいるうちに時間が経ってしまった、という受診の遅れによるケースです。また、妊娠週数の数え方を知らないために、自分が考えていた週数・月数より実際ははるかに進んでいたという場合もあります。私は現在、外来のみの開業をしておりますので、人工妊娠中絶の手術そのものは、近くに開業している方にお願いして、その前後のケアだけを行なっています。中絶に際して私が心がけていることは、あくまでも本人自身が結論を出すことです。本人が納得していないのに、親をはじめ周囲が強引に事を進めるというのは、本人のその後の心の傷を考えると絶対にしてはならないと考えています。

一〇代の女性の場合、「産みたい」「赤ちゃんを殺すのはいや」と言う子がとても多くて、最初から「はい、堕ろします」と言う子はまずほとんどいません。そういうときには、必ずといっていいほど、親などの周囲とぶつかります。「とにかく堕ろしてください。あの子はいくら言ってもダメだから、今度来たときに、先生から『おなかの中で赤ちゃんが死んでるから堕ろさなきゃダメ』と言って、堕ろしてください」と親御さんに言われることもあります。

そういった場合に、私は親に「とにかく性根を入れてとことん向き合ってください。本当にダメだと思うのでしたら、本人と向き合って説得してください」と言います。

ただ、タイムリミットの問題がありますので、初期のタイムリミットはここ、中期のタイムリミットはここ、というように、それだけは伝えておきます。本人がどうしても納得しない場合には、中期になっても仕方がありません。本人が納得しないうちは、人工妊娠中絶はしてはならないと考えています。それは、「私は産みたかったのに、親に堕ろさせられた」という心の傷は結構深くて、その後の親子関係にも影響している例を何人も見ているからです。

もう一つ、女性が「産みたい」と言っても相手の男性はどう思っているのか、男性の意思が大きな鍵となります。最近の若い男性は一見やさしくて、「身体のために悪いから産んだほうがいいよ」みたいなことを結構言いいます。しかし「産んでどうするの？　どうやって育てるの？」と男性に問いますと、何も展望がない。どこに住んで家賃はいくら？　生活費——電気・ガス・水道代や食費はいくらかかるの？　誰がどこで働いて、いくらお金が稼げるの？　経済的なことも含めて、具体的にしっかりと考えを聞かないといけません。子育てというのは、しっかり地に足のついた生活そのものです。それらを問う作業は、誰かがやらないといけません。子どもが生まれて二年経って、ついには生活が破綻して、二歳の子どもを育てきれなくなり、やむを得ず養子縁組のお世話をしたこともありました。「どうしても産む」ということになっても、「もし何かあったら、その時には相談においでよ」という念は必ず押しておきます。私は自分がかかわった子の中から、自殺者や子捨て・子殺しなどの犯罪者を絶対に出したくない、それが最低限のラインだ、という思いを胸に、いつも仕事にあたっております。

アフターケアは具体的に丁寧に

それから、中絶した後の立ち直りに向けたケアもとても大切です。初期中絶の場合は四日目か五日目に、中期の場合は退院して一週間目に、必ず当方のクリニックに来院させて、身体のチェックと共に今後のことを尋ねます。

『これからも妊娠させた相手との付き合いは続くのか、または別れるのか？』という質問を人工妊娠中絶七六〇例に聞いたところ、「相手との付き合いが今後も続く」と言ったのが五五九例（七三・六％）、「別れる」と言ったのが一五一例（一九・九％）、「不明」が五〇例（六・六％）となっていました。この回答の割合から見ると、中絶しても相手との付き合いが続くことがとても多いことがわかります。付き合いが続くのであれば、セックスについて――これからもするのか否か？　自分はどう望んでいるのか？――ということを確認します。

たいていの女性は、中絶直後は、〝もうこりごり〟という思いを持っていますから、「もう（セックスは）したくない」と言います。「では、いつまでしないの？」……「当分しない」……「当分っていつ？」と、とにかくしつこく尋ねます。「しない」と言っても相手があることですから、またすぐに次の妊娠をしてしまうなどの苦い思いをした経験から、私は、付き合いが続くということはセックスもすること、と捉えています。

そうであるならば、二度とセックスをしてはならないで済ませるのではなく、今後の避妊はどうしようか、ということを尋ねます。その際に避妊の指導も通り一遍ではなく、具体的に丁寧に行ないます。そこで大切なのは相手の男性とどのような話をしたのか、彼はどう言っているのか、彼にどう主張できるのかなど、要するに彼との関係性の見直しを行なうことです。このことをしっかり話し合い、二度と繰り返さないと決心すること。人工中絶なんて一回で十分。これが立ち直るために何より大切なことだと考えています。

・中学生の分娩

中学生の分娩は五例ありました。このうち二人が相手と事実上の結婚をして、二人で子育てをしています。相手の男性とその家族が子どもを引き取って育てているのが一人。これらの三人は中絶できる時期に来院したケースですけれども、当方や親などの周囲の強い中絶のすすめにも頑として拒

中学生の分娩と育児

2人で	2 人	
相手方	1	
本人と家族	1	（中絶不可能で）
養子	1	（中絶不可能で）
	5 人	

全性交経験者の避妊法と妊娠率

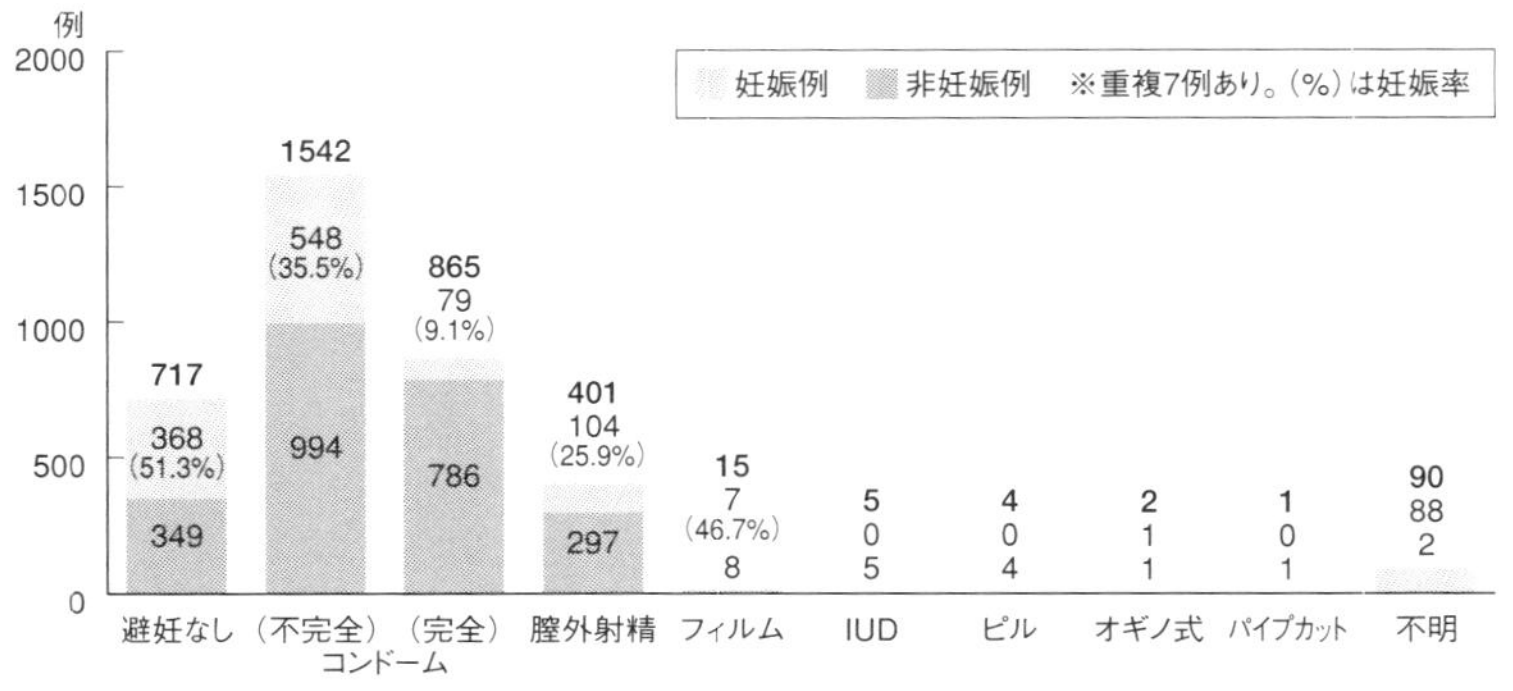

否し続けて出産しました。

本人とその家族で育てているのが一人。この少女は受験直前だったものですから、「高校受験はしなさい。堂々と胸を張って受験しなさい。コソコソおなかを隠したりして行動が変だと思われたらいけない。今まで気づかれなかったんだから大丈夫。ちゃんと受験しなさい」と伝えました。それで無事に受かりまして、合格発表後、直ちに誘発分娩を行なって、入学式の日から高校に通学しています。でも、予想外のことがありまして、困ったことに、合格発表後すぐに、制服の採寸があったんですね。それで、似たような背格好の従姉妹《いとこ》の女の子を連れて行って採寸してもらいました。それからまた、入学するとすぐに健康診断があるんですね。身体を見るとあまりに出産の跡が生々しいので、「これはちょっとダメ。内科のドクターがびっくりするわ」と思いまして、「健康診断の日は、あなたはお休み。風邪をひいたことにしましょう」と言って休ませました。とにかく、きめ細かく対応するということも、とても大事なことなのです。

避妊の〝厳しさ〟を教える

全性交経験者の避妊法と妊娠率を右頁下のグラフで示しました。「コンドームを毎回使った」という人の妊娠率は九・一%です。この中には「破れた」という気の毒な人もいます。アフターピルについてはご存じのことと思いますけれども、レイプされたとか、コンドームが破れたというようなハプニングが起こったときには、できるだけ早く、七二時間以内に産婦人科に駆け込んでください、アフターピルを処方していただけますから。ただ、アフターピルは、中用量ピルを大量にとることになりますので、激しい嘔吐をしたり、身体には大きな負担となります。それでもレイプされて妊娠して人工中絶ということになると、二重、三重のダメージを受けますから、せめて妊娠だけでも防いであげよう、ということでアフターピルを投与されるわけですね。だから、「避妊しないでセックスしたからピルをください」という場合は、私はお断わりしています。避妊法の一つとしてそういう形でアフターピルが使われることは、とても良くないことです。それだったらいつも低用量ピルをきちんと飲むこと、そう考えてほしいと思うからです。

こうした結果と人工中絶の比率の大きさを考えると、避妊があまりにお粗末な状況であると言わざるを得ません。少なくとも避妊は手抜きをしてはならない、一回でも怠ると妊娠は成立する——それくらい厳しいものなのだということを、男性にも女性にもちゃんと教えておかないといけません。

若者たちの無知は、我々大人の責任

最近の一〇代の性の特徴の一つとして、性交年齢が低年齢化してきているということは紛れもない事実です。そのような行動をとるのは、ごく一部の、家庭に問題のあるツッパリの子だと考えている大人が多いようですが、実はそれらは少数であって、圧倒的多数は、普通の家庭の、普通にしつけの行き届いた、学業もちゃんとしている子たちである、ということなんですね。

行動をとっているけれども、知識がない。「性」というのは、知識はなくても、あるいは間違った知識を持っていても、行動はとれる。そこがやっかいなところなのです。では、何故に無知なのかというと、やはり私たち大人がちゃんと「性」を教えていないからだ、ということですね。無知なのは、知らない若者たちの責任ではなくて、教えていない我々大人の責任であると考えています。

10代の性

1. 性交年齢の低年齢化
2. 知識の欠如（知識はなくとも行動は可能）
3. 無知は何故か
4. どこが、どう無知なのか
   - 性交と妊娠
   - 性交とコミュニケーション

↓

X妊娠・性感染症の予防

では、どこがどう無知なのかと言いますと、何よりもセックスと妊娠が結び付いていないということです。望むにしろ望まないにしろ、たとえ無理やりレイプされたのであっても、妊娠はする。セックスというのは本来、生殖行為なんだよ、ということがちゃんと教えられていません。

それから、お互いのコミュニケーションがとられていないこと。「妊娠したらどうするのか、妊娠しないためにはどうすればいいのか」というような話し合いもないところで、行動が先行してしまっている。しっかりとコミュニケーションのとれ合った関係でこそ、いい性、素敵な関係になり得るのだ、というふうに捉えられていないのです。

素敵な性が実行できる大人に

最後に、これからの性教育はどう進むべきかについてお話ししたいと思います。まずは、「体」や「性」を科学的に正しく認識すること。コミュニケーションのつくり方を学習すること。そして何よりも大切なのは、人として生まれ、人として生き抜いていくための人権感覚をしっかり身に付けること。それら諸々のものを含めて一つの力になるのだと思います。しかし、そのことを子どもたちに伝えるためには、何よりも私たち大人自身の性意識を点検しなければなりません。「性」は、いやらしいこと、恥ずかしいことじゃなくて、とても素敵なもの、と捉えること。私たち自身が〝素敵な性が実行できる素敵な大人になろうね〟という意識をしっかり持ってこそ、初めて子どもたちに真正面から「性」を伝えられるのだと思います。

幼児期から、子育ての中で「体」についてちゃんと伝えること。義務教育のうちに、学校において、避妊も含めてきちんとした性教育がなされること。すべての若者が、いつかはきっと「性」を実行するようになるのです。自らがしっかりと自立した素敵な大人になること、そして素敵なパートナーとコミュニケーションのとれ合った素敵な性が実行できること。そういう大人になってほしい。そのような願いを込めての性教育が、すべての子どもたちになされる日が来ることを願っております。

これからの性教育

—性の自己決定—

体・性・命・人間関係・人権感覚

・幼児期からの過程での性教育
・義務教育のうちの学校での性教育
・大人自身の性意識の再構築を!

◇河野産婦人科クリニックにおける 10年間の［10代の受診者］の統計データ

1. 10代の受診者
（1990.11.19〜2000.11.18）

28710人中　4537人（15.8%）
広島県内　4446人
広島県外　91人

2. 初診時年齢別内訳（計4537人）

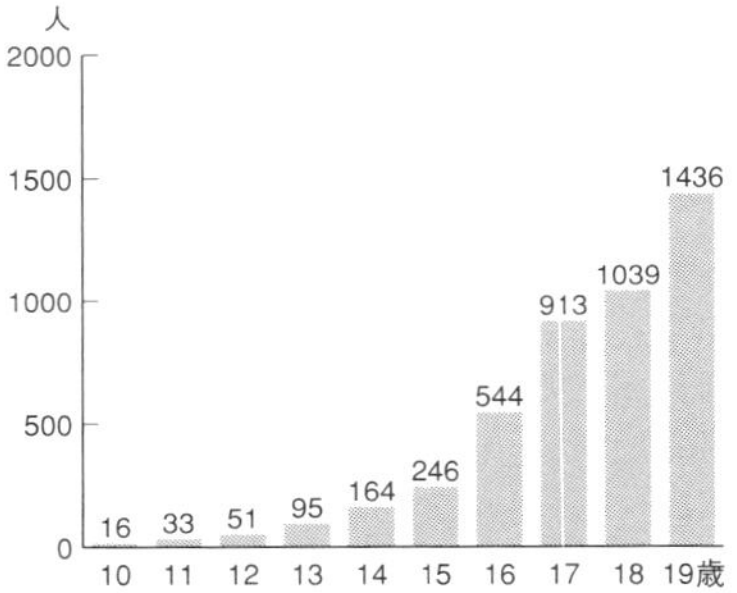

3. 初診時職業別内訳（計4537人）

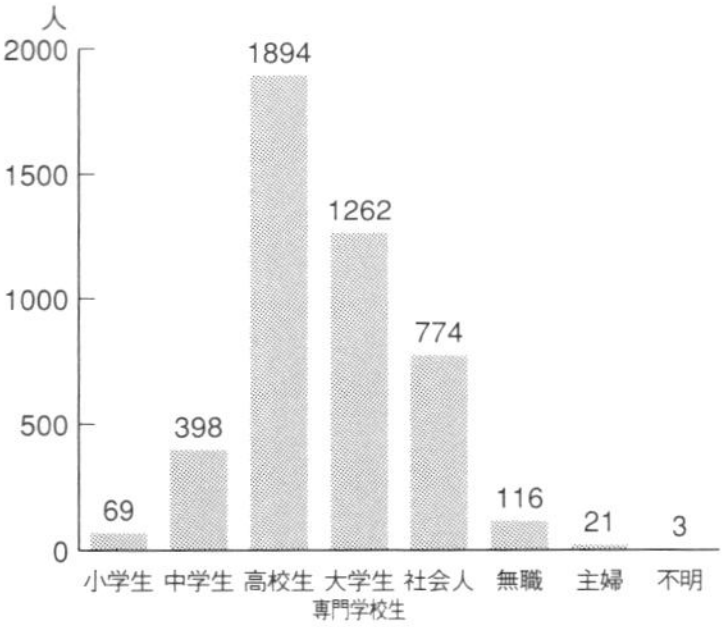

▲グラフ3：実人数は4537人だが、中学生の時に月経が止まらなくて初診、次に高校生の時に妊娠してきた場合などを新たに1例と数えると計5476例となる。

4. 年齢別受診数と性交の有無

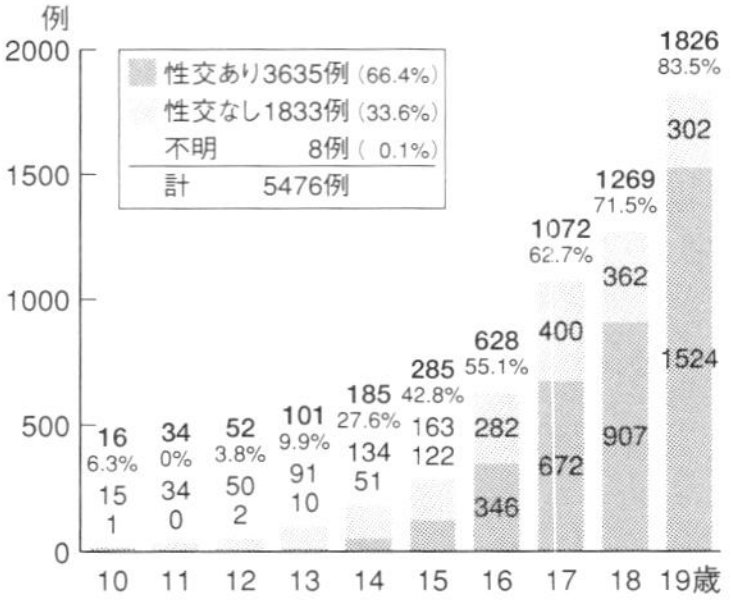

5.　職業別受診数と性交の有無

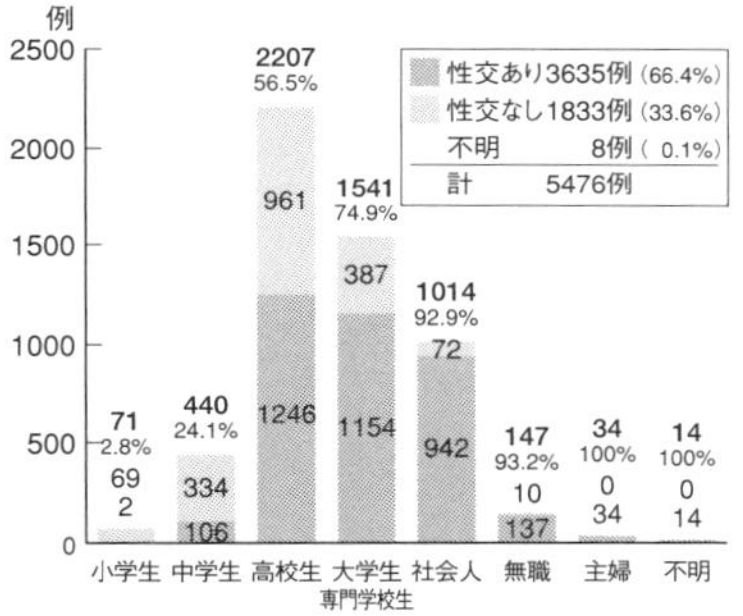

7.　性交相手 職業別内訳（判明したもの 3337例）

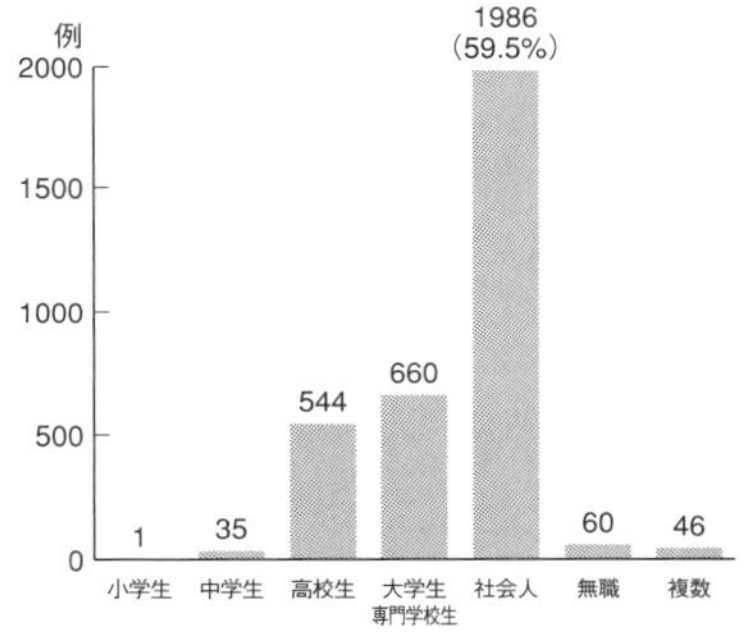

▲グラフ7：相手が複数というのが46例あるが、その多くは複数の男性によるレイプの被害者と「援助交際」などの売春が絡んでいるもの。また、これらのうち54例の男性が、他の人と結婚している既婚者であった。

6.　性交相手 年齢別内訳（判明したもの 3269例）

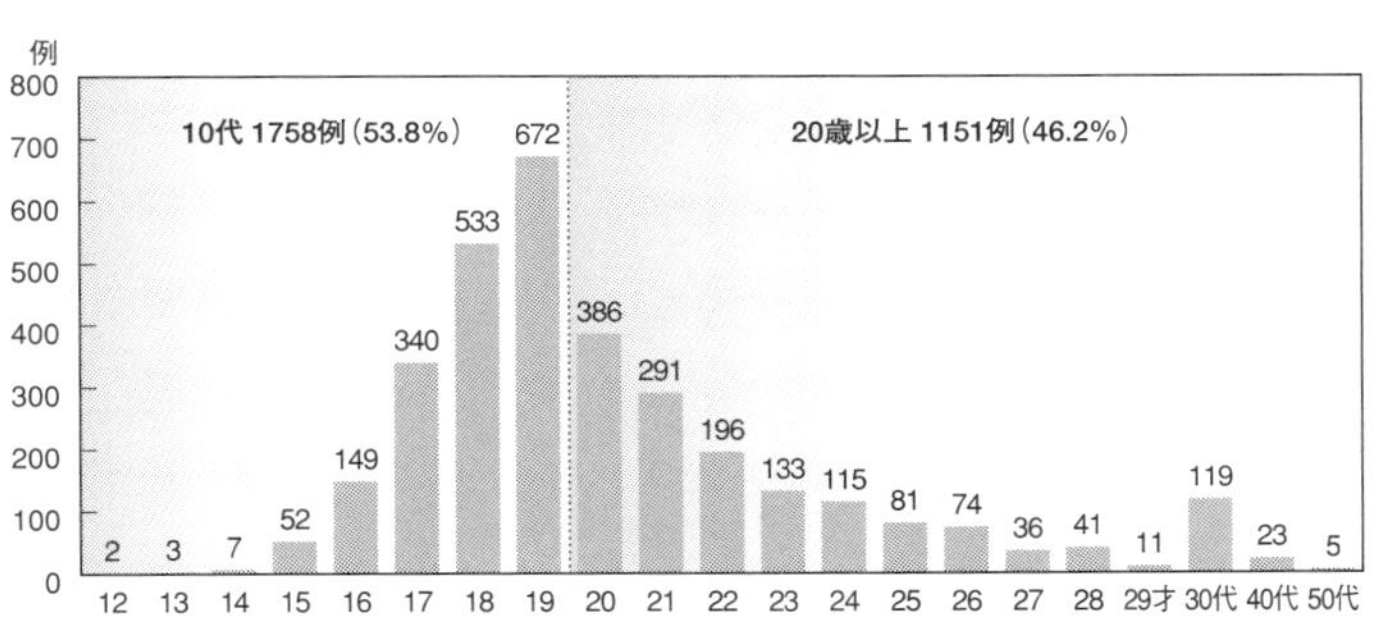

8. 受診時診断別内訳
（月経トラブルを除く）

妊娠	1109 例
性感染症	414
カンジダ膣・外陰炎	682
子宮内膜炎・付属器炎	298
膣・外陰炎（単純）	424
膀胱炎・腎盂炎	147
貧血症	116
便秘・痔疾	69
卵巣腫瘍・のう腫	52（うち悪性2）
外陰毛のう炎	40
外傷	35
乳腺腫瘤	19
虫垂炎	6
卵巣出血	6

▲表8：子宮内膜炎・付属器炎のほとんどが、性交によって炎症を起こしているもの。膀胱炎・腎盂炎の多くも性交に伴うもの。

9. 月経トラブル

月経不順（含 不正出血）	1043 例
妊娠の恐れ→違った	572
体重減少性無月経	425
月経困難症	629
子宮内膜症・筋腫	43
排卵期出血	40
乳汁分泌性無月経	17
原発性無月経	47

10. 診断別に分類されない主訴

体や性の悩み	162 例
月経の移動	149
性暴力の被害	68

11. 10代の性暴力の被害者

小学生	6人
中学生	18人
高校生	28人
専・大学生	9人
社会人	7人
計	68人
うち集団レイプ	15人

裂傷等外傷	19
クラミジア感染症	10
子宮内膜炎・付属器炎	3
トリコモナス	2
性器ヘルペス	1
妊娠	2
膀胱炎	2

12. 10代の性感染症

クラミジア感染症	247 例
性器ヘルペス	68
尖圭コンジローマ	55
トリコモナス膣炎	30
淋病	9
毛じらみ	4
梅毒	1
計	414 例

▲表12：カンジダ膣炎は682例中110例、16.1％に性交の経験がない。よってこれを性感染症の中に入れていない。

13. 10代の性感染症の年次変化

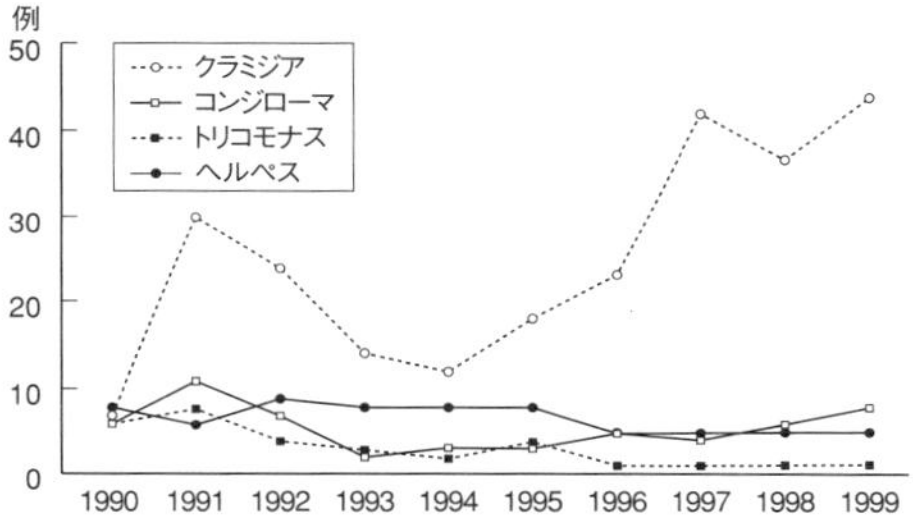

▲グラフ13：グラフの中で1994年に落ち込みがあるのは、横浜国際エイズ会議の影響か？

14.すべての年代の性感染症

クラミジア感染症	103例
性器ヘルペス （うち再発性	87 22）
尖圭コンジローマ	25
トリコモナス膣炎	13
淋病	8
毛じらみ	4
梅毒 （うち以前からの感染	3 2）
計	243例

（1999年2月1日～2000年1月31日）

15. 性感染症年代別内訳

	10代	20	30	40	50	60	70	計
クラミジア	41	56	6					103
性器ヘルペス	7	41	25	7	3	3	1	87
尖圭コンジローマ	7	15	3					25
トリコモナス	1	4	4	2	1		1	13
淋病		7	1					8
毛じらみ	1	2	1					4
梅毒		1	1			1		3
計	57	126	41	9	4	4	2	243例
合併を除いて	55	120	40	9	4	4	2	234人

16. 妊娠例の年齢別内訳
（全妊娠例 1109例）

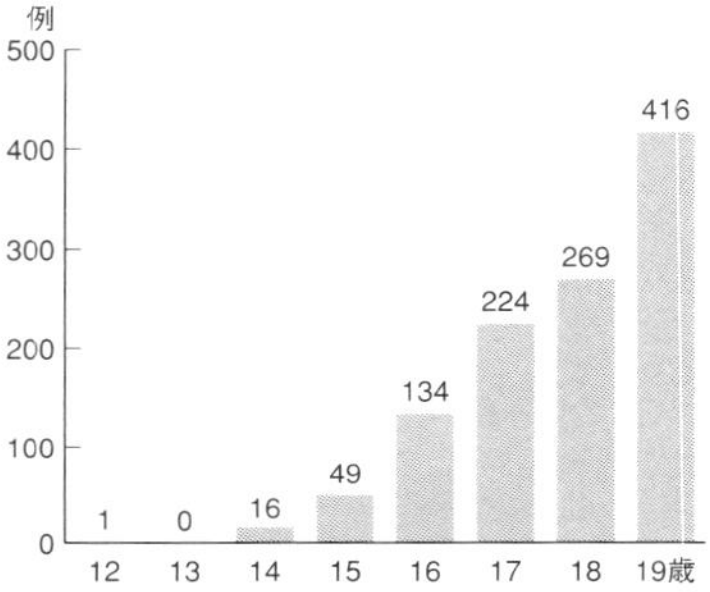

17. 妊娠例の職業別内訳
（全妊娠例 1109例）

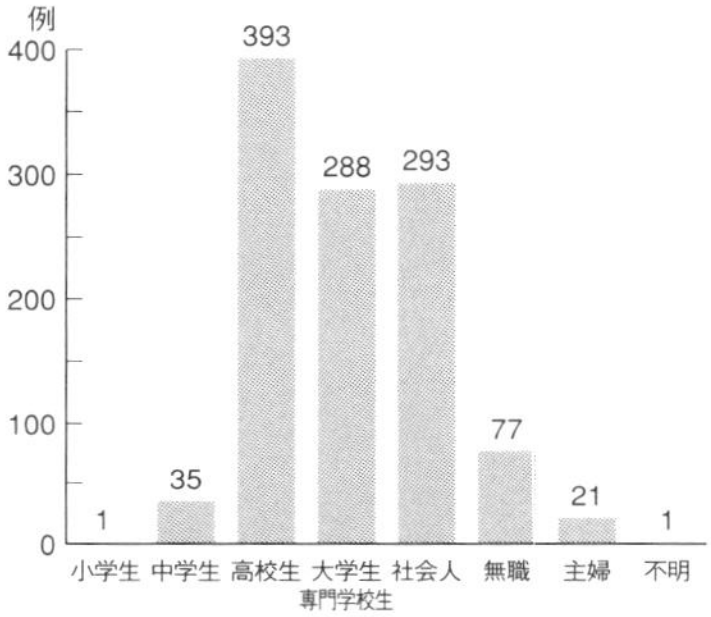

▲グラフ17：妊娠の最低年齢は12歳、小学校6年生。

18. 妊娠の相手 年齢別内訳（不明12例 計1109例）

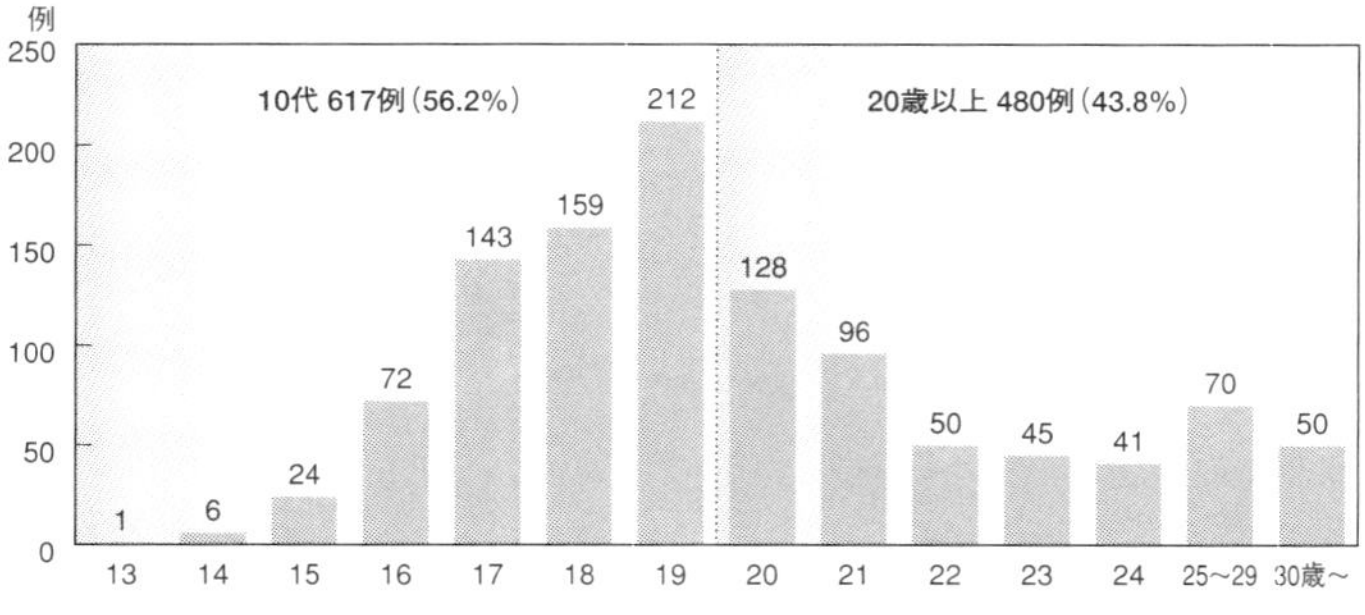

19. 妊娠の相手 職業別内訳
（不明10例 計1109例）

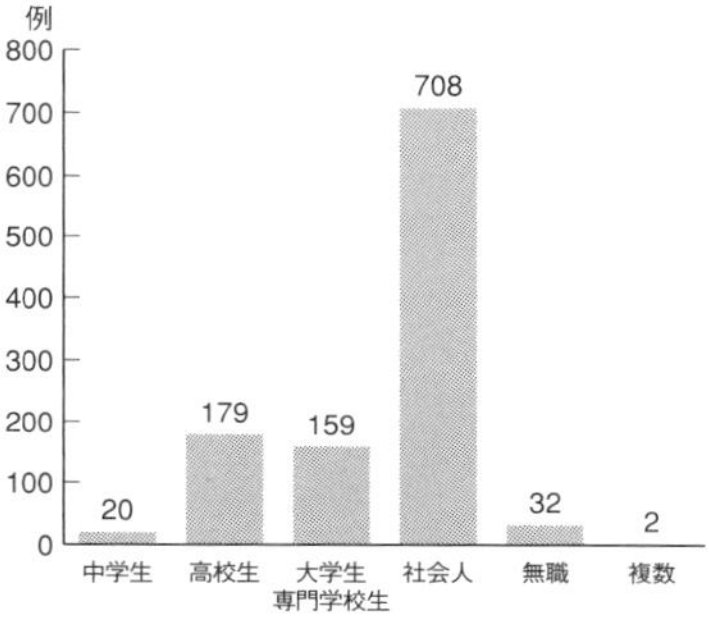

20. 性交と妊娠率

	本人		相手	
	妊娠／性交	妊娠率	妊娠／性交	妊娠率
中学生	35／106	33.0%	20／35	57.1%
高校生	393／1246	31.5%	179／544	32.9%
大学生・専学生	288／1154	25.0%	159／660	24.1%
社会人	293／942	31.1%	708／1986	35.7%

◀表20：妊娠した者を性交の経験で割ったのが女性の妊娠率。妊娠させた数を性交の相手の数で割ったのが、男性の妊娠させ率。面白いのは、女性の場合、中学生・高校生・社会人と、妊娠率にほとんど差がないのに対し、男性の場合、若いほど相手を妊娠させている率が高くなる。この中には、妊娠の相手が身内（実父・実兄・実弟）であったものが4例含まれ、このうち3例が出産している。

21. 全妊娠の転帰

人工妊娠中絶	760 例	（68.5%）
出産	156	（14.1%）
自然流産	51	（4.6%）
子宮外妊娠	5	（0.5%）
胞状奇形	1	
不明（転院含む）	136 例	（12.3%）
計	1109 例	

22. 人工妊娠中絶の内訳

初期（11週まで）	652 例
中期（12週以後）	95
時期不明	13
計	760 例

23. 中学生の妊娠

学年別		転帰	
中1	0 例	人工妊娠中絶	27
中2	6	初期	22
中3	29	中期	4
		時期不明	1
		自然流産	2
		分娩	5
		不明	1
計	35 例		35 例

24. 中学生の妊娠 相手の職業

中学生	17 例
高校生	3
社会人	15
不明	1
	36 例

（1例相手が2人）

▲表24：35の妊娠に対し相手が36なのは、相手がわかっている1人と全く不明の1人の同時に2人にレイプされて、どちらの妊娠かわからないのが1例あるため。

25. 中学生の分娩と育児

2人で	2 人	
相手方	1	
本人と家族	1	（中絶不可能で）
養子	1	（中絶不可能で）
	5 人	

26. 高校生の妊娠の転帰

人工妊娠中絶	313 例	(79.6%)
自然流産	12	(3.1%)
分娩	35	(8.9%)
不明	33	(8.4%)
	393 例	(100.0%)

27. 高校生の妊娠　相手の年齢別内訳（不明2例 計393例）

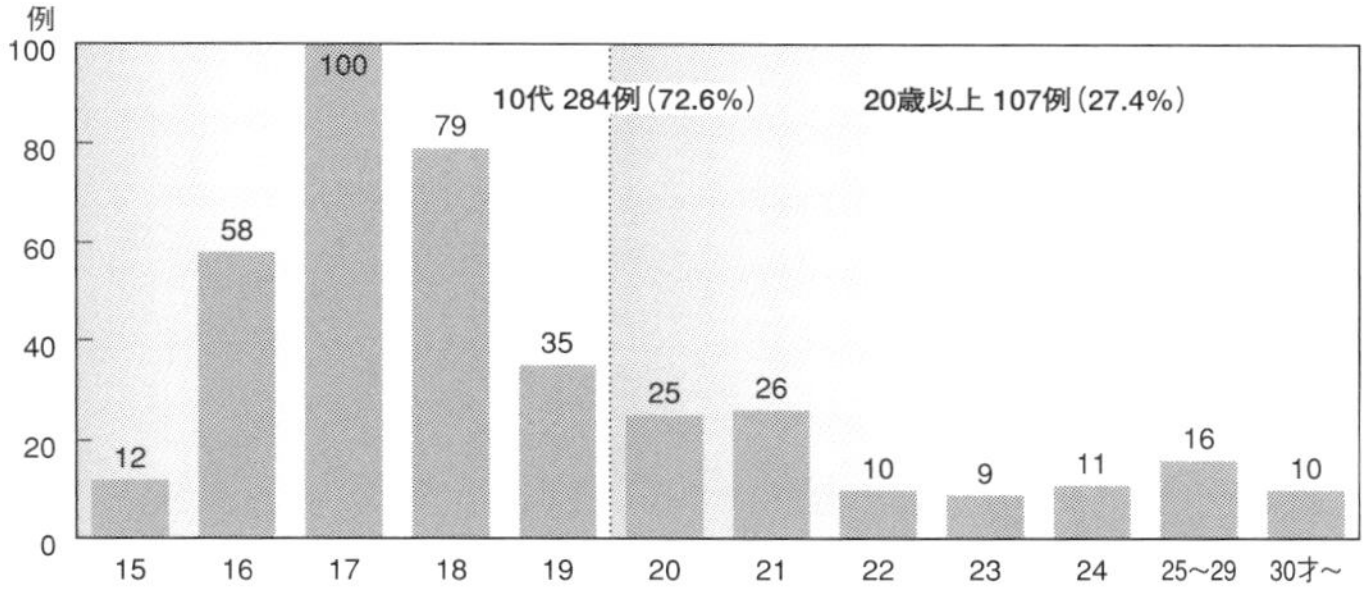

▲グラフ27：これまでの男性のグラフと比べて、17～18歳をピークとして山が左側に寄っているのがわかる。

28. 高校生の妊娠 相手の職業別内訳
（不明1例 計393例）

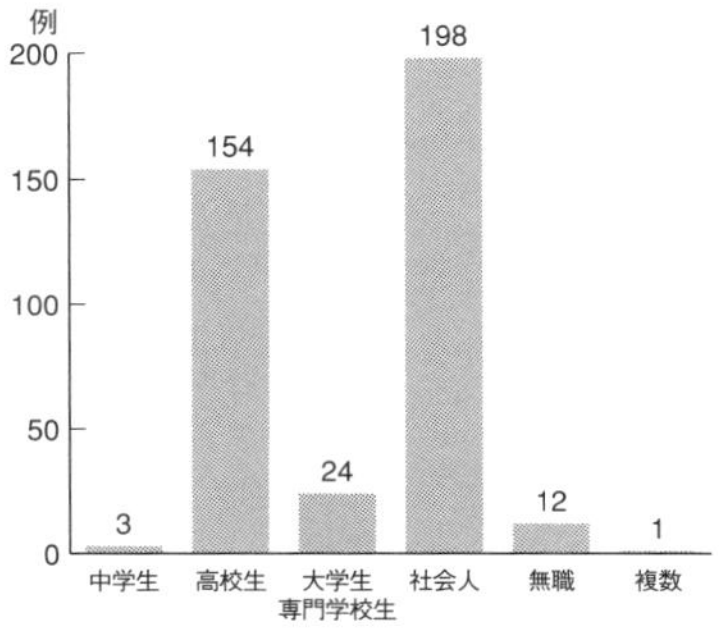

▲グラフ28：年齢別内訳（表27）と照らしてみると、未成年の社会人、いわゆる有職少年の性の問題が浮き彫りにされる。このことからも、義務教育のうちに、避妊も含めたしっかりとした性教育が必要だということがわかる。

29. 高校生の分娩・育児

2人で	20 例
本人と家族	3
養子縁組	5
乳児院	3
不明	4
計	35 例

▲グラフ29：学業については、できるだけ高卒の資格を取るように、というアドバイスをしている。高校を中退した者は35例のうち5例。その彼女たちには、今まで取った単位が有効だということ、いつでも通信制に戻れるということを、念を押している。

30. 10代の売春

年齢別内訳		職業別内訳	
12才	1例	中学生	9例
13	2	高校生	6
14	3	社会人	3
15	6	無職	1
16	2		
17	3		
18	1		
19	1		
計	19例	計	19例

▲グラフ30：中学生・高校生は、テレクラを媒介とした「援助交際」が主であった。社会人になるとホテトルやヘルスなどの性風俗で働く形となる。この統計後、携帯電話の「出会い系サイト」による性犯罪の被害や売春が出てきている。

31.避妊法の判明しているもの

コンドーム(±)	74人
膣外射精	44
なし	27
コンドーム(＋)	25
パイプカット	2
卵管結紮	1
マイ・ルーラ	1
ピル	1
計	175人
(うち既婚者	30人)

32. 妊娠例の避妊法(計1109例)

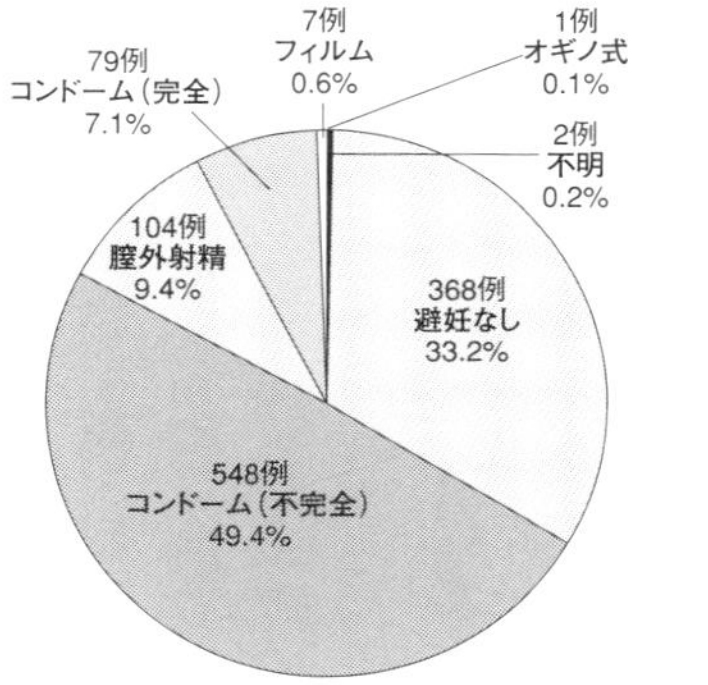

33. 全性交経験者の避妊法と妊娠率

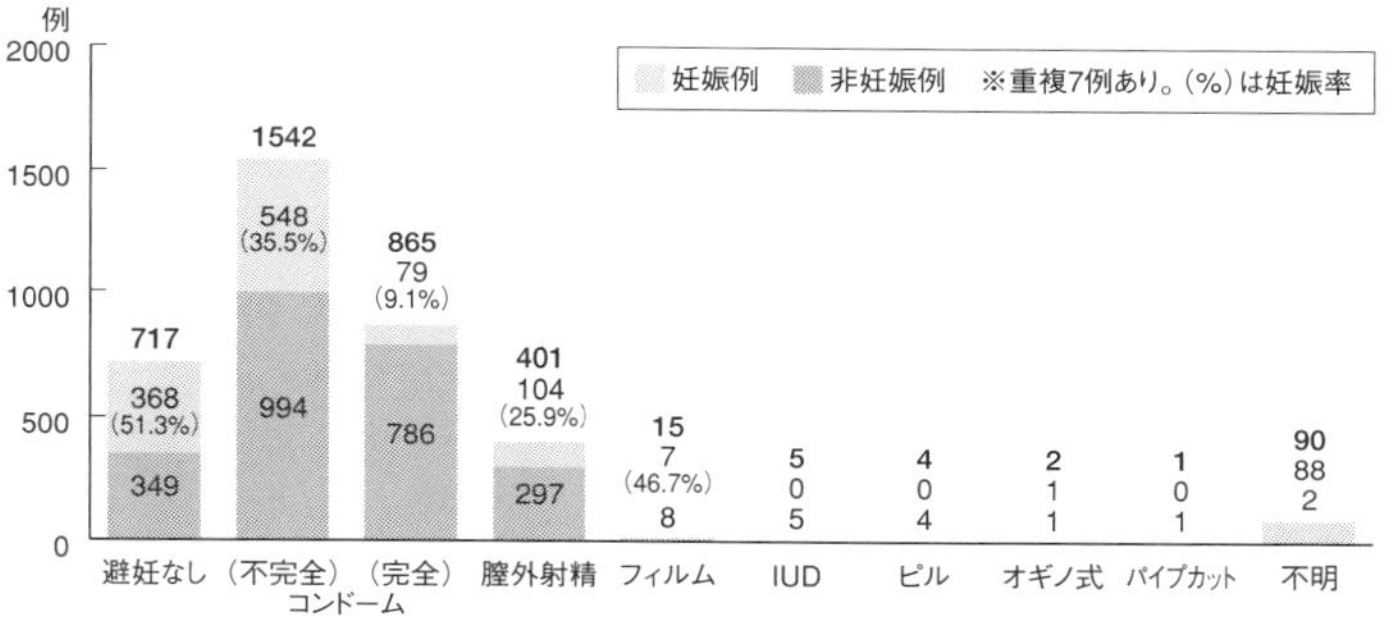

34. 10代の性

1. 性交年齢の低年齢化
2. 知識の欠如（知識はなくとも行動は可能）
3. 無知は何故か
4. どこが、どう無知なのか
   - 性交と妊娠
   - 性交とコミュニケーション

↓

X妊娠・性感染症の予防

35. これからの性教育

―性の自己決定―

体・性・命・人間関係・人権感覚

- 幼児期からの過程での性教育
- 義務教育のうちの学校での性教育
- 大人自身の性意識の再構築を!

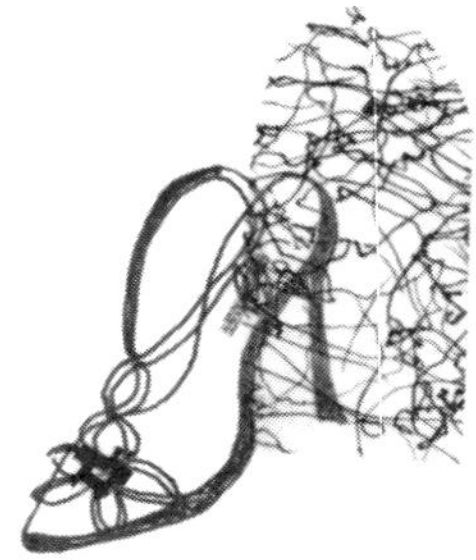

講演Ⅲ

女の子・女の性（セクシュアリティ）を語る

1991年8月6日講演〔学校保健研究会主催＝第30回学校保健ゼミナール／イイノホール〕

今日は八月六日です。八月六日というのは、私は広島におりますから、特別の意味がございます。いま私が住んでいるのは、広島の平和公園の本当にすぐそばで、平和公園の真ん前にある病院に長い間勤務していたのですが、昨年（一九九〇年）の一一月から私自身のクリニックを開業いたしました。クリニックは、毎朝自転車で平和公園をずっと突っ切って、平和公園の向こう側にあるのです。だから、あの平和公園の原爆慰霊碑の横を自転車で通って行き帰りしています。今朝も平和公園に行って、平和記念式典で一応黙祷《もくとう》だけはして、それから東京にまいりました。

私自身が広島で生まれ、広島で育ちまして、父が被爆をしていて、私が被爆二世で、今日フッと――市民の流れ献花というのがあるのです。偉い人たちが次々に、市長とか総理大臣とかが献花した後、市民が次々と小さな花束を置いていくのですが、その流れ献花をしていく先頭は被爆三世の小学生たちなのです。その次が被爆三世の中学生たち、次が高校生たちです。考えてみれば、私の子どもたちも被爆三世なのだなと、もう二人とも高校生になりましたけれども、この広島の地にいて、父の被爆というものをきちんと私の子どもたちに継承していっていないな、ということをつらつら考えながらやってまいりました。そういう中でお話しさせていただきます。

女の子の性交＝不純異性交遊？

一年ちょっと前に、私のおります広島県で、小学校を卒業したばかりの女の子が担任の教師に殺されるという事件が起こりました。これは学校内での、教師から女子生徒への明らかな性暴力、セクシュアル・ハラスメントと言ったらあまりに軽過ぎる性暴力というものがあった上での殺人であるということで、非常に気が重くて、私たち性教協広島サークルの中でも、あの事件をきちんと総括していかないといけないということを話し合いながら、いまだにやり切れていない。

それから、その事件が起こったのと近い三原市の「風の子学園」というところで、二人の子ども、男の子と女の子がコンテナに監禁されて殺されるという事件が起こりました。中学生の男の子についてはもろもろ報道されていて、あそこの施設に紹介したのが中学校の学校長である、それも、ある市の教育愛護センターというところからの推薦もあってそこに行かされていた、ということなどが報道されている。ところが、もう一人、一緒に死んでいる一六歳の女の子のことについてはほとんど報道されていない。彼女は一体何の理由で、誰からそこに入れられたのだろうということは報道されていないけど、そのうちにと思っているところに、昨日、ある新聞社の記者の方から電話が入りました。その一六歳の女の子は、やはり広島の子なのですけれども、記者さんは、「性非行であそこに入れられたのだそうです」と言われました。そのことについて私にお話を伺いたいという電話だったのです。

私が、「ちょっと待ってください、性非行って何ですか。彼女は何をやったの、売春？　売春だったら、非行といってもわかるけど、売春だったの？」と聞いたら、向こうが、男性記者ですけれども、オタオタしたのです。中身はわからない、ただ「性非行」という警察からの情報らしいのですが、もしかして、若い子がセックスをした、それだけで「非行」と決めつけているのではないか。私は、「性非行というのは大人がやるものだと思うよ、大人がやっている売春——それから買春もですが——売買春、これは性非行と言うと思うけれども、若者たちのセックスを即性非行とは言いませんからね」と言ったのです。

そうしたら、「ちょっと待ってください」と言って、向こうのほうでゴチョゴチョ話をしていて、また電話に出て、「不純異性交遊だったそうです」と言ったのです。またがっかりして、「彼女、不純だったの？　どう不純だったの？」と言うと、また向こうが黙ってしまったから、「じゃ、純粋なのは誰？」と私は聞いたのです。いろいろやりとりがある中で、警察しか使わないようなそういう言葉を、ジャーナリスト、マスコミ陣がそう軽々しく使わないでほしい、「非行」だとか「不純」だとか、中身も知らないでそんなふうに言っていいのかと。

記者さんとしては、そういう子をああいうところに閉じ込めていて、それで行動が治るものなのかというコメントを私に求めたかったらしいのですが、ただ内容がわからないから私はコメントはできない。けれども、もしかしてもしかして、中学を出たばかりの子ですから、よくあるように、シンナーとか暴走族とかと結び付いて、たくさんの異性と次々に接触を持っているような行動を彼女がとっていて、それを「性非行」とか「不純異性交遊」と呼んでいるのだったとしたら、私もそういう子たちとはずいぶん付き合いがあるけれども、そういう子というのは、束の間の触れ合いを求めてさまよっている、本当に痛々しい、寂しい子たちなんだ、そういう子をああいうところに閉じ込めて、スパルタや体罰でもって行動を改めてやると言ったって、その寂しさとかは埋まるはずもない。

例えば、私はいま定期的に、ある「少女園」に出かけて行っているのです。少女園というのは、いわゆる女子少年院です。ほとんどが売春とか覚醒剤とかで補導された子たちが入っていますけれども、そこではやはり「愛」であるとか「性」であるとか、そういう学習をすることによって、自分自身の行動をもまた考えていく。自分が将来ある女性として、今後の自分自身の行動を決めていく、その基礎となるべき「愛」とか「性」とかを学習していく。そのための一つの助けになればと思って行っています。そういう学習ならわかるけれども、あんなところで結局は殺されてしまうような、ひどい体罰を与えることによって行動を何とかできると思ったら大間違いだと思う、と言いました。痛々しくてたまらなかったのです。

私のいる広島の女の子が、しかも性にかかわることでそんなところに閉じ込められて殺されたというのが、また重いものを抱えてしまったなと、昨日から本当に気が重くて重くて仕方がないのです。まさに私は、今日のこの講演を控えて、本当に象徴的だなと思ったのですが、どうしても大人というのは、若い女の子が性行動をとると、それだけで「非行」と決めつけてしまう。あってはならないこと、してはならないこと、こんなことをするのは悪い子、「非行少女」なんだというふうに頭の中に刷り込まれてしまっている。そういう対応を大人たちはしてきている。

その記者さんにも言ったのですが、もしかして彼女は必死な恋愛をしていたかもしれない、必死な恋愛をする中で性行動もあったのかもしれない。でも、大人にしてみれば、娘が必死の恋愛をして、性交だの、もし妊娠だのということになったら、本当に怒り狂うわけです。親を中心とする大人世界、これは学校でも社会でも多々見られることですけれども、怒り狂って、「とんでもないことを仕出かした娘」というふうに言っていく。

でも、男の子だったらどうかと思うのです。男の子がそういう性行動をとっていたとしたら、「非行少年」だとかここまでガンガン言われるだろうか。本当に、男の子に対する対応と女の子に対する対応というのは社会的に全く違うのです。

学校現場からは、いまだに「女の子の〝性非行〟について話をしてください」なんていう講演依頼が来ることがあるのです。それも共学校から来たりすると、「男の子は？　男性はいいんですか？　お宅の学校の生徒さんは女同士でセックスするんですか？」と言うのです。そこまで言わないとわからない。そこまで言ったらハッと気づいたようになってくださるのだけれども、男がいて、女がいて、そしてその間での性というのがある以上、双方が学ばなければいけないことではないでしょうかと。何か大人の側が、男の子と比較して、女の子・女の性について非常に偏見を持っているなということを痛感しています。その辺のことをしっかり頭に置いた上で、お話しさせていただきたいと思います。

女の子・女の性を語る
――自らを振り返りつつ――

さて、私自身、生まれてから幼児時代、最初はただの女の子でしょう。それこそ原爆の廃墟の中で育ちましたから、何もない廃墟が遊び場でした。当時はまだ良き時代で、子どもがいっぱい生まれたときですから、近所中の子どもたちが、男の子も女の子も一緒になってワイワイ遊ぶという、いまの子どもたちから見ればうらやましいような環境の中で育ちました。がらくたの中で遊んでいて、掘っていたら骨が出てきて、「骨じゃ、骨じゃ」と言って、遺体などがたくさん埋まっているような中で育ちました。自分自身が女であるということを意識したのはいつ頃だろうかというのを振り返ってみたのですが、どうもそれがはっきりわからないのです。はっきりわからないような、男か女かわからないような女の子だったのだろうと思います。

ただ、小学校四年生のときに、私は男の子とひどい喧嘩をしました。かなり正義感に富んだ女の子でしたから、クラスの中の弱い女の子が男の子にいじめられたことが許せなくて、その男の子に食ってかかって、飛びついていって、取っ組み合いの大喧嘩をしたのです。後で担任の先生に呼ばれて、「女の子なんだから、そういうときはもっとやさしく男の子に言って聞かせてあげなければいけない。たとえ相手が男の子であっても、暴力でもって言い聞かせようとしてはいけない」と叱られたときに、ただ胸の中では悔しくて悔しくて。そもそも彼女がいじめられたから私はやったのに、男の子が彼女に暴力を振るったのは良くて、私が彼に暴力を振るったのはいけないのかと思って、悔しいなという思いを持った、それが最初かなと思っています。「女の子なんだから、もっとやさしく……」と言われた言葉が、すごく頭の中にあるのです。

父は教師でしたけれども、〝女はこういう生き方をしろ〟という育てられ方を全然しませんでした。これは、父に今とても感謝しているのですけれども、兄が二人いますが、兄たちと同じように、それから姉・妹といますけれども、自分は大きくなったら何になるかというのを自由に考えさせてくれた。だから私は今も覚えていますが、母にいつも付いて行って、魚屋さんが鮮やかに魚をさばく姿を見て、魚屋さんになりたいなと思ったこともあったし、家を次々建てていく大工さんの仕事を見ていて、「女でも大工さんになれる？」と母に聞いたのも覚えているし、自分自身が大きくなったら自由に職業を持つものだという家庭環境の中で育ったというのはとてもありがたいな、というふうに思っているのです。

幼児期の性暴力被害

幼児期や子ども時代に何らかの性暴力、セクシュアル・ハラスメントみたいな性暴力を受けて、その傷をずっと胸の中に持ちながら大人になっている、そういう女性たちは非常にたくさんいます。性暴力についてはアメリカなどでは次々とデータとしても出てきていますし、日本の中ではまだそれほどたくさんのデータがあるわけではないけれども、多くの性暴力の被害者がやっぱりいるのだということを、医療現場の中で私自身も痛感しています。

子どもたちは、そういう目に遭ったときに、大人たちに言わない。言わないで、ずっと自分の胸の中だけにとどめて、だけど絶対に忘れることなく、ずっと生き続けて存在し続けている。そのときは小さくてまだ訳がわからないままだったけれども、育っていく中で、「性」とか「性交」とか「男の性」とかというものを知っていく中で、そのことがやっぱり自分の中で蘇《よみがえ》ってくる。あのとき持った恐怖感とともに蘇ってくる。本当に多くの女たちが、女であるが故に、小さなときからこういうことを背負わされて、一つの傷として、暗い影として引きずりながら生きていく。とても悔しいことだけれども、そういう体験の一つとしてあります。

だから私は、幼児の性暴力の被害者、中にはむごいことに、殺される寸前になって、つい先日もあったけれども、本当にひどい首を絞められた跡の生々しい傷、それから、全身傷だらけになった女の子がお母さんと一緒に来たときに、本当に許せないと。せっかく勇気を持ってお母さんに言った、でも、お母さんの対応がただ泣くことしかしないで、本当にダメだった——こんな事件をそのまま放置しておいてはいけないと私は思うのです。それは取りも直さず、再発の防止です。彼女に対してもう一度そういうことが、味を占めた男性から行なわれるかもしれない。今回は死ななくて済んだけれども、次は殺されるかもしれないということと、他の女の子たちに対しても、その犯人は次々と同じようなことをしていくかもしれない。恐らくしていくだろう。であれば、許してはいけないということを懇々とお母さんに話したのだけれども、どうしても「娘のことが近所に知れると、娘は生きていけない。傷物になったということで生きていけなくなる」という母親の頑とした思いを崩すことができなかった。

幼児や子どもたちの殺人事件なら「事件」にはなるけれども、性暴力のような表に出ない被害に遭う子たちというのはものすごくいる。私が見ただけでも膨大な数になります。二年前の思春期学会で「一二歳以下の受診者について」という発表をしたときに、これはやっぱり放っておいてはいけない問題なのだということを言ったのですが、現実に、そういう被害に遭った女性が、社会から恥ずかしい存在として見られるという、ここのネックを何とかしなければいけないのではないかと思っています。子どもだけではなく、大人の性被害、性暴力の被害者も、泣き寝入りしてはいけない、これは本当にそう思っています。復讐でも何でもなくて、やはりそんなことをしてはいけないのだということを加害者に言いたいわけです。その犯人に知ってもらいたいわけです。そのままにしていたら、その辺のところにも彼らは気づいていかないまま、次々と罪を重ねていくのではないかと思っているのです。

変化していく体の思い出

私はそれでも活発な女の子で、そのうちに最初に気づいたのは、自分の体の変化として、誰も教えてくれませんでしたけれども、おっぱいのクリクリだったのです。固いのができて、痛い痛いと。その頃、同級の女の子たちも、何か胸が痛い、何かクリクリがあると、そういう友だちの話の中から、これは異常なことではないのだなというのがわかってきたけれども、ドッジボールをやっているときボールが当たったら「ウーン、痛い」とうめきながら、胸のふくらみを徐々に意識していく。

それから、私は忘れないのですが、初経についてもむごい教えられ方をいたしました。非常に暗い教えられ方で、カーテンを締め切って養護の先生がズラズラと本を読み上げて。当時は真っ黒いパンツだったでしょう。真っ黒いパンツで、股のところにゴムが当たって、くっついたりして痛い、いわゆる生理帯を見せられて、こんなものをはかなければいけないのかと、本当にむごい教えられ方でした。いざ初経を迎えると、やはりその真っ黒いパンツを母から与えられて、あの洗濯がいやでしてね。もちろん洗濯は自分でしますけれども、干すのがいやでした。父とか兄とかが家に居ますでしょう。どこに干したらいいのだろうと、こっそり隅っこのほうに、タオルをかけて干してという、本当にいやな生理帯の思い出で、初経を迎えてからしばらくの間というのは、気が重くて重くて仕方なかったです。それは、月経があるということよりも、私はまずあの黒いパンツというのに気が重かったのです。そして、当時はまだ生理用品なんていうのはなくて、脱脂綿でした。脱脂綿の間にチリ紙をはさんで当てておくと、チリ紙がよく吸収してくれるからというふうに母に教えられた。でも、ひっつきもっつきしたりして、本当に具合が悪い。

私が中学校のときなのですが、アンネ株式会社というところが、「40年間お待たせしました」というキャッチフレーズで、ボーンと「アンネナプキン」という生理用品を売り出したのです（一九六一年）。あれは私たちにとって画期的なことだったのです。「生理」でもなく、当時は「月経」なんて言葉はおぞましくて口にも出せなくて、友だち同士では「アレなの」と言うしかなかったけれども、「アンネ」と呼ぶようになって、そしてその生理用品が堂々と新聞などで宣伝されるというのはものすごいショックだったのです。でも、すごくうれしかったのを覚えています。あのナプキンを買うと、脱脂綿とは違って非常に快適である。でも、また買いに行くのが憂うつで、薬局のほうを見て、おじさんがい

アンネナプキンの広告＝「朝日新聞」1961（昭和36）年10月26日付掲載
（山川浩二編『昭和広告六〇年史』講談社収載）

ないときに、おばさんがおるときに、コソコソと買って帰る。でも、あの「アンネ」というのは、月経の重みから本当に私たちを解放してくれました。そしてナプキンが出た後に、カラフルなショーツ、真っ黒じゃない生理帯が出まして、これを干すのがまたうれしかったですね。ピンクとかブルーとか白とかで干せるわけでしょう、真っ黒じゃなくなったというのはとてもうれしかった。

その後なのですけれども、中学校に入ってからですが、腋毛が生えてきました。自分自身ではちっとも気づかないでヘラヘラしているときに、あるとき私は腋の下を一番上の兄にのぞかれたのです。私と八つ違いの兄ですから、当時、大学生だったと思いますが、すごくいやらしくて、助平でね（笑い）、大学生になった途端、家の中でワイワイ言っている。非常に大らかに話をしているのだけれども、その兄貴にのぞかれて、兄貴が大笑いしたのです。「チロチロと生えとる生えとる」と言って。あれは絶対、家庭内でのセクシュアル・ハラスメントです。それには本当に頭にきましたが、兄貴が果たした役割というのは結構あるのです。いつだったか、インキン・タムシをもらってきて、タムシチンキか何かをつけるのですが――あれは熱くて痛いらしいのですが――「痛い痛い、熱い熱い、美代子、あおげ」とか言って、股の下を私は、横を見ながらあおがされる。そういう兄の果たした役割などはあるけれども、生えているのをのぞかれたというのがすごくいやで、これは剃らなければいけないと。でも、どうやって剃ったらいいのかもわからない。父がひげを剃っている姿を見ているから、あれと同じように石鹸か何かをつけて、でも剃刀《かみそり》がないから、こっそり父のを引っ張り出してきて、初めて剃ったときのドキドキした感動というのは忘れない記憶です。それからは、夏の授業で水泳があるときには、腋の下はちゃんと剃るようにとか、誰に教えられたわけでもない、あれは兄貴にのぞかれたことによって身に付けたことだと思うのです。

そういう体の変化がホルモンのなせる業だなんていうことを全然知らない年頃でしょう、ただ何となく大人になりつつあるというのを、喜びでも何でもなく、自分で実感しつつあったわけです。

ホルモンのなせる初恋

その頃に、私は、今から考えると初恋ですね。幼稚園とか小学校のときの「○○ちゃんが好き」とかいうのではなくて、初めて私はホルモンと結び付いた初恋みたいなものを、不思議な胸のときめきみたいなものを体験いたしました。中学校の先生だったのですけれども、その先生を好きだと思ったら、先生のことを考えているだけでドキドキして、夜も眠れないのです。意識した途端、その先生の授業で先生の目が見られないのです。授業があるのがうれしくてしょうがないのに、まともに顔が見られない。自分では、いわゆる恋心みたいなものをわからないままにドキドキしていました。今から考えたら、あれも絶対、文化の中でというより、ホルモンのなせる業じゃないかなみたいな、一つの性欲と結び付いた、もう月経もあって、ホルモンのリズムができてくるその中での、その先生への恋心というのは、誰に教えられたわけでもなく、何か訳のわからないモヤモヤとしたものとして胸の中に存在しました。

私は、男でも女でもそうだと思うのだけれども、やはり根底には性欲という、ホルモンに左右されるものというのが絶対あると思っています。さらに、もちろんそれだけではなく、文化の中でつくられてきた、または学んでいく部分、それらを合わせて一つのセクシュアリティというものとして存在しています。

大学時代に医学部の学生と喧々諤々《けんけんがくがく》やったことがあるのです。男というのは、ある時期が来れば、否が応でも性欲というものを意識するんだと。これは精通があり射精がありという中でです。離れ小島に独りぼっちでいても、やはりそれは起こってくる現象で、そしてそこに快感というものがある。女の場合はどうなのか、と言われました。でも、当時は、性欲とか言われてもピンと来ないし、男と女というのはやっぱり決定的に違うのかもしれない、離れ小島に独りぼっちでいたら、それは確かに胸もふくらんだり月経もあったりするだろうけれども、それが例えばマスターベーションとかいうものと結び付くような、そういう行動になるだろうかということはわからないままでした。

ただ、私はいま四四歳で、いみじくも瀬戸内寂聴さんが書かれた本の中にあったように、女が、食べても食べられても一番おいしいのは四〇代と……。でも、瀬戸内さんは途中で剃髪して「性」を絶ってしまいましたから、あの瀬戸内さんにとっては四〇代かもわからないけど、瀬戸内さんがそのまま作家活動を続けられていたら、もしかしたら、食べても食べられても最もおいしいのは五〇代と言ったかもしれないし、もっといけば六〇代と言ったかもしれない。それは彼女にとってのことであろうと、そう思っているのです。

というのは、先日、広島に奈良林祥先生をお招きしてお話を聞いたときに、奈良林先生は、女の性が最も充実するのは閉経後であると。閉経後一二～一三年、このときが最も充実するのだというふうにおっしゃって、へェーッと、さらに勇気づけられたのですが、ともかく私は今、瀬戸内さんが言われた、女の最も花盛りのときです。四〇代になって、初めてわかる部分というのはやっぱりあるのです。

雌としてのリズム

先日、性教協の設立一〇周年記念の全国夏期セミナーの最終日に、アメリカのキンゼイ研究所の第三代所長のジューン・ライニッシュさんという女性と、その方のお連れ合いのニューヨーク大学教授のレオナルド・ローゼンブルグさんの「猿からのラブコール」という講演を聞きました。猿の性行動について、いろいろな性交のスライドとともに語ってくださって本当に面白かったのですけれども、その中で強く「そうだ、そうだ」と我が意を得たりと思ったのが、猿の性行動の世界では、必ず支配と被支配の関係にあるのだと。多くは、雄が強くて、それに従属する形で雌の猿が性交を受け入れていく。ところが、逆の場合もあるのです。雌のほうが支配力を持っていて、より弱い雄の猿と性交を持っていく。雄のほうが支配力を持っているときは、猿でもやっぱり月経周期がありますが、その周期に関係なく、いつでも性交はあるのだそうです。ところが、雌のほうが支配力が強いときは、その周期の中で、排卵前の数日しか性交はないのだそうです。そのときには、もちろん雌のほうから誘いをかけるのです。寝そべったりしながら誘いをかけるのが排卵前の数日に限られて、後はしないのだというふうに言われて、そうだそうだと私は思ったのです。

ホルモンと心の連動

私自身、こういう仕事を続ける中で、自分自身の体を実験材料にしながら、自分で自分の体を見つめながらということを、もちろんそれこそいろいろやりました。ピルを飲んでみたり、ペッサリーも使ってみたり、患者さんで実験するわけにいきませんから、自分自身で体験してみるというのが私の貴重な勉強の機会でもあるわけですけれども、女の体のリズムというのは絶対にあります。

女の体のリズムというのはホルモンのリズムであって、一番わかるのは月経です。月経が規則的にある。さらに知ろうと思えば、基礎体温というのがある。基礎体温は、排卵前と排卵後で、低温期と高温期に分かれる。もちろんこれがはっきりしないガタガタの人とか、体温がスパンと上がらなくて、ヨッコラヨッコラ上がって、本当に高いところはほんの数日しかない人とか、いろいろパターンはあります。そして、低温期と高温期があるときの、〝自分の内なるもの〟というのが絶対に違うのです。自分自身をじっと見つめてみればわかるのだけれども、私は、若い頃は月経痛がものすごくひどかったから、月経が来るのがすごく憂うつだったのですけれども、お産をした後は、ケロリとその痛みはなくなってしまってラクになりました。もちろんナプキンを当てるとかいううっとうしさはあるけれども、いま私は、月経が来るのがすごく楽しみなのです。ああ、これから楽しい時期が始まると思うのです。いわゆる低温期になります。

どう楽しいかというと、何かすごく心が生き生きしているというか、小説を読んでもすごく感動的な気持ちになるし、子どももかわいいのです。文句なしにかわいいし、それから何よりも、夫と触れ合うというのが、これがすごく心地好いのです、肌などが触れたりするのが。反対に、高温期はダメなのです。「もう触らんといて」という感じになるのです。肌の感触が全然違う。小説を読んでも、本当にビンビン感じてしまうし、これがピークに達するのがやっぱり排卵期なのです。性欲が昂進《こうしん》している。何となくモヤモヤとやりたくなるというのは、やっぱりこの時期なのです。

私は今、基礎体温をつけなくてもよくわかるのですけれども、その時期を過ぎて高温期になると、途端に、これっぽっちも性欲なんてなくなって、触られるのもいやで、一刻も早く背中を向けて寝たいというような、そういう時期です。そして、体が重くて眠い、イライラする。些細《ささい》な行動でも、何かカリッと気分に障るというか。それから便秘をする、何となくむくんでくる。その代わりに、猛烈に食欲だけは湧くのです。性欲は抑えられて、食欲は、本当にこの時期、食べたくて食べたくて、特にご飯とか、かりんとうとかケーキとか、炭水化物がすごく食べたい。特にご飯でも、私はどうしてもカレーライスが食べたくて食べたくてたまらなくなるのです。だから、毎月一回、必ず我が家はカレーになるのですけれども、カレーが食べたいと思ったら、居ても立ってもいられなくなるほどカレーが食べたくなってしまう。

夫はその意味がわかるから、ニヤッと「今日はカレーの日かな」と言うのですけれども（笑い）、もちろん私が何となくおかしいな、食べたいなと、お菓子などを買い込んできてバリバリ食べたりするのはどうも月経前だというのに気づいて。最近、私はこういうことをかなり大っぴらに言うようになったのですが、患者さんからの訴えというのも結構あります。この時期に猛烈に食べて、だいたい体重が三キロから四キロ増えてしまうという人がいまして、特にチョコレートとかお菓子とかケーキとかをすごく食べると訴える、我が意を得たりみたいな患者さんにも次々と出会えるようになりましたから、やっぱりこれはそうなんだろうと確信を持っています。

猛烈にご飯がおいしくて、ご飯に味つけ海苔を巻いて食べるだけでもおいしいという時期があって、そしてしばらくするとスッと食欲が切れるのです。何かあまり食べたくない、食べることがうれしいなんていう感じじゃないから、今日のお昼ご飯は何も食べたくないなと思っていると、そのうち何となくまた、モヤモヤと夫に触れたくなるという時期がやっぱり来るのです。それは排卵期よりも多少弱いから、私は排卵期のときに「大波が来た」と言って、次に「小波が来た」というふうに夫には言っていますけれども、そうすると月経が始まってくる。要するに、高温期がスッと下がってきたときの、月経が始まる直前です。そして月経になると、それまでむくんでいたのが、非常に尿の出が良くなって、まあセッセセッセセとトイレに行く行く。それから便秘も解消して、お通じがやけに良くなってしまってということです。

まさに子産みのための体

このリズムは一体何なんだろうかと、勉強していくにつれて、それは黄体ホルモンというもののなせる業であると……。卵胞ホルモンと黄体ホルモンというのが女性の卵巣からは出るわけですけれども、黄体ホルモンというのは性欲を抑えて、水を体に引き込む、蓄える作用がある。だから、むくみがちなのもわかるのだけれども、イライラしたり、眠かったり、感情が何となく鈍麻しているというのは、脳にも水が蓄えられて、脳浮腫の状態になっているからなのです。脳浮腫の状態になっていて、脳の重さがかなり違うのだというふうに言われています。高温期から低温期にスッと下がったときに、黄体ホルモンの呪縛から解き放たれた、というふうに私は思います。

このホルモンのなせる業というのは一体何なのか。実に女の体というのは、何と、妊娠とか子産みのための体につくられているのか。排卵期には非常に性欲が昂進して、男性と接触したくなる。排卵が済むと、ピタッと男を寄せつけないで、離れていて、受精したらソッとしておくということです。ひたすらご飯だけは食べて（笑い）、眠くてグーグー寝て、性的な刺激が加わらないようにする。何と実に理にかなっているのかということに気がついたとき、私自身、愕然《がくぜん》としたのです。そうか、私は所詮、雌なのだと。先ほどの猿の話とピッタリ一致する。

講演の中でも話されましたが、月経前にまた、ちょこっとそういう行動が見られることがあると。〝ヘェーッ、私は猿と一緒や〟と思ったときに、そうだそうだと思ったのです。確かに、女の体というものはそういうものに左右されているのだと。

さらに、女性の性器ってふたがないでしょう。いつも穴があるわけでしょう。私は今、ホモセクシュアルとかレスビアンのことはちょっと横に置いて、男と女の間での話に限定してしまっているのですけれども、男性がその気にならないと性交というのはできないでしょう。女はその気にならなくても、ふたがあるわけじゃないから、いつもできる体であるわけでしょう。だからこそレイプというのもあるわけだし、もちろん家庭内でも、猿と同じように、夫との力関係で、したくないときでも、夫が手を伸ばしてくれれば、向こうの力が強いときにはやっぱり応じなければいけないみたいなことが起こってきたりする。何で神様は、女の性器にふたをつくってくれなかったのだろうかと。ふたがあって、女がその気になったときに初めて、サーッとふたがあいて「さあ、どうぞ」みたいな（笑い）、そういうふうになっていたらレイプもないだろうし、でも、そうなったら産婦人科の診察にはちょっと困るなとか思ったり（笑い）して……。

この女の体そのものが、女の意思でできるようになっていない、ますますもって男に都合がいい、男の意思でもって、男のリードでもって性というのが行なわれていくものみたいにつくられているのかと思うと、また愕然としてしまうわけです。だからこそ、それに従いなさいとは私は絶対に言わないのですが、そのホルモンのリズムみたいなものが、私自身のいまを生きていて、これからが楽しみなのです。いま四四歳ですから、もうちょっとやなと思うのですが、だんだんと閉経期になっていきます。閉経期になって、このホルモンのリズムがなくなったときにどうなるのだろう、私の内なるものはどうなるのだろう。できることなら、もうその時期にいらっしゃる女性たちが、もっと声を出してくださると、私もいろいろ学べるのだけれども、まだまだ女性サイドからの話というのはあまりなくて、そういう教材にはまだお目にかかれないのです。

リズムがなくなったら……

ただ、「熟年の性」とか「老年の性」、「老人の性」というのは、まだそこのところがきちっと整理されていなくて、男の論理でもって話を進められているところがすごくあると思っています。私自身が出会ってきている熟年の女性、老年の女性たちというのは、性が苦痛だ苦痛だと訴えられるのです。「お父さんが、もういい年して」というふうに訴えられて、「まだ求めてくるけれども、私にとっては苦痛でたまらないから」と言う。もちろんそれは歴史的に、夫と彼女との性の関係の中で、彼女自身がとても楽しい、素敵な性を実行してこられなかった、体験してこられなかった、そういう歴史があるから、もういいかげんお役御免にしてほしいというのがあるのです。

いまの熟年の方たちの性というのは、やはりそういう性であった。ちょっと前まで、女の性というのは子産みのための性であり、また男の性欲の処理のための性であった。男の性欲、お父さんの希望を受け入れてあげるのが女の務めみたいに思わされてきた部分というのがあります。だから、そういう人たちに、自分が苦痛であればしなくたっていいんだ、でも、何とかしたいと思うのだったら、自分も楽しめるように、自分自身が本当に楽しめるような、そういう性を彼と今からつくっていく、そういうお話をしても、やはりなかなか難しい。女性が、閉経もして何年もたって、あなた自身が楽しめる性をということが、あまり通じないのです。

ただ、だから私が楽しみだというのが、いま性というものを自分の中で意識化しながら甘受していくというか、実行していっている私自身のホルモンが変わってきたときに、私自身がどうなるのかかなというのがすごく楽しみで、もしかしたら、排卵がないわけだから、黄体ホルモンが出なくなるわけだから、あの黄体ホルモンの呪縛がなくなると、いつも低温期のような状態にずっとなるのかな（笑い）、あの楽しい時期がずっと続くんだったらいいなと思うけども、やっぱり性欲というのは、ある程度は低温期に出るエストロジェン、卵胞ホルモンのなせる業でもありますから、卵胞ホルモンも出なくなったら全然したくなくなってしまうのかなとか、その辺がとても楽しみなのです。

刷り込まれる性文化

持って生まれたそういう体というものと、文化の中でつくられていった女の性というのはやっぱりあるわけで、そして、私たちにとってその文化というのは本当に好ましい文化ではなかった、今もそうではない、と私は断言します。

今日は日帰りですけれども、前述の性教協の一〇周年全国夏期セミナーでは、私は三晩泊まり込んだのです。ある程度のレベルのビジネスホテルだったのですが、やっぱり有料ビデオというのがあるのです。二つのチャンネルは洋画と邦画で、もう一つのチャンネルがアダルトビデオというので、よしよし、いいチャンスだと思って、久し振りにアダルトビデオを見ましたが、つくづく情けないなと思いました。あのアダルトビデオというのは嫌悪感以外の何物でもないのです。あれを見て、少しは「ああ、素敵だな」というふうに、私自身の感性にも訴えるものがそろそろ出てきてもいい、女が見ても楽しめるポルノというのがそろそろ出てきてもいいはずなのに、相変わらずレイプものなのです。純粋なレイプではないにしても、性交そのものは本当にレイプそのもので、女性が発しているのは絶対に苦痛の声だと私は思うのだけれども、あれをあえぎの喜びの声だみたいに多くの男性たちが思って見ているとしたら大間違いだよというような、非常に残酷な性ですね。

ポルノビデオだけではなく、いろいろな出版物もそうなのだけれども、男性たちに、性というのはそういうものなのかということがどんどん刷り込まれ、植え付けられていくというのは、私はとてもいやです。これまでは、女たち自身もそういうものなんだと思わされてきた部分というのは絶対にあると思うのです。自分自身は苦痛でしかないのに、何か喜んであげなければ彼に悪いとか、演技をする女性というのがものすごく多いでしょう、いまだに日本の中でも。一番最近だと『モア・リポートNOW』(集英社、一九九〇年)という本にまとめられていますけれども、「演技をしないと彼に悪い」だけではなくて、「感じた振りをしないと彼がなかなか終わってくれない」とかいうのも演技の理由の中にはあるみたいです。

これまで女たちが、そういう部分に毒されて黙ってきていた。そうではなくて、やはり女性自身が、どういう性がとても素敵な性で、自分自身が喜べる性なのかということをやっぱり言っていかなければいけないと思うのです。男性たちに対しても、それから同性の女性たちに対しても。私はあんな乱暴な性はいやだ、もっと素敵な、胸がときめいて、彼と触れ合っているだけでも心が満たされていくような、そういう性を望んでいるのだということを言っていかなければいけないなと思うのです。そうじゃないと、いつまでたっても男性たちはわからないだろうと思うのです。

もうちょっと具体的に言いますと、いまだに男性の中の「ペニス願望」といいますか、それが「巨根願望」と一体化していて、〝大きいほどいい〟みたいな妄想に、若い子たちはすごく毒されているでしょう。だから、思春期の電話相談なんて、ひたすらペニスのサイズと、あと包茎なんですけれども、とてもサイズを気にしている。幼児の世界までそれに毒されていて、保育所でも大きなペニスの子は威張っていますでしょう。小さい子は、保育所の頃から「僕のは小っちゃい」とか言って下を向いたりしている。

ペニスのサイズなんか問題じゃないんだよということを、男の子たちに向かって、女性の先輩たちがちゃんと語ってあげれば、こんな無意味な心理的負担はとれてしまうのにと私は思うのです。セックスというのは、ペニスでするものではないんだよ、全身の触れ合いなんだよとか。女性の体というのは、膣の中は非常に鈍くて、膣ではほとんど感じられない――全くないとは言いませんけれども、やっぱり一番素敵に感じられる部分というのは外側、特にクリトリスを中心にした外側にあるので、そこへの刺激が不可欠なんだよ、というようなことをちゃんと伝えてあげないとわからないだろう。

本当にたくさんの若い子たちがポルノをせっせと回し見しているみたいだけれども、暴力的に性器の挿入があって、ギャーギャーとわめくところでセッセと激しく動かせば女たちはさらに喜ぶなんて、あれは間違いだ、あんなのは女にとっては苦痛以外の何物でもないんだよということを、やっぱり女の側から伝えてあげなければいけないのではないか。そうすることによって、さらに男性と女性との素敵な性というのが、具体的に、性の現場ででも得られていけるのではないかなと思うのです。

だから私はそこで、男と女のとてもいい関係というか、コミュニケーションのとれ合った素敵な関係というのが大事になってくると思うのです。そういう女性自身の願望みたいなものを、ちゃんと男性に伝えられるかどうか。それも惚れた男というか、好きな人、その共に生きていく彼に、マンツーマンで向き合って、ちゃんと面と向かってそういうことが伝えられるかどうか。もちろん最初から、ああしてちょうだい、こうしてちょうだいなんて言えるわけはないけれども、やっぱりそれは関係を良くしていく中で、コミュニケーションをとり合っていく中で、自分自身の思いみたいなものをきちんと伝えていける関係であるかどうか。それこそ、まさに女性自身がいい性を得られていくかどうかというところの要だろうと思うのです。

女は今まであまりに言わなさ過ぎた。言わなさ過ぎて、女性週刊誌にしても、あれは圧倒的に男性がつくっているのであって、性の描写にせよ性の記述にせよ、女の目から見たら極めておかしなつくられ方をしている。もちろん素敵な雑誌もずいぶん出てきています。女性スタッフが非常にしっかりかかわってつくっている、女性が自分自身を語りながら、そして同性の女性たちに訴えていくというスタイルをとっている、そういう本というのはやっぱり素敵ですね。でも、女性週刊誌のたぐいというのは、圧倒的に男性編集長の下で男性スタッフたちがつくっていて、本当のことはよくわからないままセックスの記事も出していっている。

女も語り始めよう

私は、本当にいまスタートについたばかりだという気がするのですけれども、女性たちがきちっと声を上げることによって、さらに男と女のいい関係というのはできていくだろうなというふうに思っています。私たちは女でしかないわけで、男のわからない部分って絶対あるでしょう。一人で男と女の両方をやることはできないのだから、私は男性たちに語ってほしいと思うし、それを知りたいと思う。語ってもらうことによってしか知ることができない。同じように、男性も、女性の言うことにきちっと耳を傾けることによってしか知ることができないと思うのです。

でも、私自身を振り返ってみて思うのは、そういうふうに自分自身で自分自身を見つめながら自己主張していくということを知らされていなかった、教えられていなかったから、私自身が「性」について学んだ、教えられたというのは――これは間違って教えられたのだけれども――大学時代の恋愛の相手である彼氏からです。それまでは何も知らないわけだけど、彼氏からいろいろ教えてもらうというか、彼から一つの力関係の中で教えられていくわけです。彼は年も上だし、非常に強い人であって、猿と同じように、支配と被支配の関係の中での恋愛であったから、そういうものなのかというふうに一方的に思い込まされてきたり、自分自身のことを責めてみたり。こんなふうに今は臆面もなく堂々としゃべっているように見えるけれども、私も大学時代はダメな女の子でした。せっせと彼氏にお弁当をつくっていったり、マフラーを編んであげたり、彼のために料理学校に通ったり、そういうので喜びいっぱいの恋愛をしていましたから、そういう中で彼によって教えられるという形で「性」を学んだ。

それが、ある程度年をとって、性教育とかを学んでいく中で「ああ、間違いだった」ということに気づいて、私自身はまた新たな夫との関係の中で、気づいた後のこれからを生きることができると思うけれども、多くの若い後輩、女の子たちが、男性サイドから間違った刷り込みをされていく。

それどころか、女の子たち、もちろん大人の女もそうであった部分というのもあるのだけれど、自分自身、いま妊娠していいのか、いけないのかをきちんと考え、相手の男性に対して自己主張していくという、一番大切なことすら実行できていません。だから、必然的に若い女性の人工中絶率は非常に高い。私たちのデータでも、それから全国的な統計でもそうですが、一〇代の女性の妊娠の約七割は人工中絶に終わっています。こういうことがきちんと話し合え、確実な避妊が実行できる関係こそ最も大切なのだと、女性にも男性にも伝えられていません。そして、そんないい関係になるためには、女性からの自己主張が絶対必要だと、いま私は考えています。

『さらば、悲しみの性』(高文研刊、現在は『新版 さらば、悲しみの性——高校生の性を考える』集英社文庫）という本の中でも、そのことを言いたかったのです。「身ごもる性を持っている女は自分の体に責任を持て、身ごもらせる性を持っている男は女の体に責任を持て」――これは、二人がコミュニケーションのとれ合ったいい関係になるための、大原則だと思っています。でも、そんなことがきちんと教えられていません。

男性には男性自身を語ってもらったらいい。女性は女性自身を語っていこう。男性に対して、それから後輩に対して。〝女がはしたない〟ということからくる社会的な規制、これはやっぱりいまだに根強く残っていますから、そういうものを取っ払っていくべきではないかなと思っています。ハウ・ツー・セックスもののたぐいで、結構ベストセラーになった本というのは、みんな男性たちによって書かれています。この辺はもうちょっと具体的に、性行動そのものにまで踏み込んだ、〝女にとっていい性とは〟みたいな本を書こうかな、といま思っているところです。男性に読んでもらっても、ちゃんとわかるような……。

後輩たちに素敵な性を

「性」「セクシュアリティ」というのは、必ずしもセックスそのものだけを言うのではない――このことはわかっていただけたかと思います。今日の私の話はそこが中心になりましたけれども、それは先輩の女たちの中からの声として、若い人たちに「性」に対するいろいろなタブーを吹っ切ってほしいという思いがあるからです。性というのはいやらしいもの、恥ずかしいもの、隠さなければいけないもの、若い間はやってはならないもの、とかではなくて、やっぱり性というのは、とても素敵なもの、大切なもの。性を本当に大事に、大切に、好きな人と素敵に実行できたら、生きていくことはもっともっと素敵になる。素敵な性を素敵に実行していこうよというような、そういう大らかさが欲しいと思ったから、こういう話を中心にさせてもらったのです。

もちろん私は、恋愛、人を愛すること、そしてその愛する人と共に歩んでいくことというのは、人間が生きる中ではとっても大事なことだと思っています。恋愛というのがなくなってしまったら、これはすごく味気ない世界になるだろうな。好きな人がいるというのは、自分自身の行動をもやはり生き生きとさせるし、何より生きていくこと自体がとても楽しくなると思うのです。そういう大らかさでもって、男と女のいい関係づくりというのを今後は考えていき、そして後輩たちに伝えていかなければいけないんじゃないかなと、そういうふうに思っています。

エッセイ

産婦人科の窓口から

女性から心身の負担を解放する低用量ピル

女性に「産まない自由」は保障されたけれど……

自分の言葉で心を伝え合う努力を

性犯罪被害者の気持ちを酌めない警察官たち

女性から心身の負担を解放する低用量ピル

やっとやっとの「ピル解禁」

一九九九年九月二日、低用量ピル＝経口避妊薬が解禁された。やっとやっと、認可された。「今度こそ」と、何度裏切られ続けたことだろうか。先進国の中で、日本のみが、許されていなかったのだから。ピルについてさまざま議論があるのは、百も承知。でも、私は待ち遠しかった。二日は、木曜日でクリニックは休診日。翌三日、二人の患者さんがピルを求めて来院した。一人は人工中絶を受けたのち、二度とあんな思いはいやだからと、中用量ピルを飲んでいた。が、以前、低用量ピルが解禁されそうだとの情報が流れたとき、少しお休みして、今度は低用量に切り換えようと話し、そのまま待ち続けていた人だった。

「ずいぶん、待たせちゃったけど、これまで避妊はどうしていたの？」と尋ねたところ、ずっとセックスをしないでいたと言う。思わず、「それは申し訳なかったね」と、私の責任ではなかったとはいえ、謝ってしまった。彼女は月経の三日目であったため、月経が始まった初めの日曜日から内服する三相性のサンデーピルを処方した。

もう一人は、強い月経痛に悩まされ続けていた人。「ピル解禁」のニュースで、月経痛が軽くなるというのを聞いて、とにかく何とかしてほしい、とやって来たのだ。子宮内膜症があり、これまでどんな鎮痛剤も効かなかったとのこと。来月結婚を控えており、式と新婚旅行が月経にぶつかりそうで、それも何とかしてほしいとのこと。また、「結婚後二年間は避妊したい」と言うので、次の月経開始日から内服するように、一相性のピルを処方した。予定の月経を移動させるのには、三相性は不適当だから。

これまではこのようなとき、他にホルモンの少ない良い薬があるのを知りながら、厚生省（当時）の許可がないために、やむを得ずではあるが、中用量のピルを出していた。その後ろめたさから解放されてホッとした、というのが正直な実感である。

私は、人のセックスや生殖という、極めてプライベートなことが、国、行政に管理されるのはとてもいやだ。個人個人の責任において、自由に選択されていいはずである。でも、これまで経口避妊薬は、その販売を認可しないという形で、使用を制限され続けてきた。認可しない理由は、さまざまに変遷している。ずっと以前、佐藤総理の頃、「そんな物を許可すると、日本の性が乱れる」との、総理夫人の鶴の一声で引っ繰り返ったと言われる。まだ人工中絶が三〇代、四〇代の主婦が圧倒的に多い時代である。この方は避妊は夫婦の間ではしないもの、と思っているのではないか、と感じたものだ。一三年前、全国的に行われた低用量ピルの治験に私も参加したのだが、そのときはすぐにでも認可されると思っていた。その頃から、出生率の低下がそろそろ問題となっていた。そして、ＨＩＶ／エイズの出現である。

ピルは「避妊」のためのもの

そもそも、避妊と性感染症の予防とを混同するから、ピルの使用を認可すると性感染症が増えるという、おかしな論議が起こるのではないか。マジにそんなことを言っている人の論を聞いていると、まるで性感染症の予防が、避妊に乗っかって行なわれているというか、避妊のためにコンドームを使うおかげで、性感染症も防げていると言っているようだ。でも、ピルが認可されていないにもかかわらず日本のＨＩＶもクラミジアも爆発的に増えてきた。コンドームがきちんと使われているという幻想は持つべきでない。ピルは、あくまでも、避妊のためのもの。性感染症の予防はコンドームで、という教育が不十分だということを認識しなければ。今こそ、特に男性たちに、「性感染症の予防のためにコンドームをちゃんと使え」という教育をしなければ、と思う。

もうすぐ結婚するので妊娠をしてもいいから、と、コンドームを使わないでセックスをしたカップルがいる。妊娠がわかった途端、彼女が高熱を発し、内科を経て私のクリニックに来院したときには、外性器に見るも無残な潰瘍をたくさんつくっていた。典型的な性器ヘルペスである。妊娠していると抗ウイルス剤は使えない、でも、ヘルペスの初感染には使うべきだ。第一、この高熱と、排尿も困難な症状を放っておくわけにはいかないし、どうするかは、彼女の判断に任せるしかない。彼女は婚約者と相談して、結局、人工中絶をするからヘルペスの治療を、となった。早速に抗ウイルス剤で治療し、症状が落ち着いたところで、人工中絶。その経過を見ようとして、アレッと気づいた。今度は、外性器にいっぱいコンジローマができている。ＳＴＤのダブルパンチだ。彼に、「あなたがこれまでちゃんとコンドームを使って防衛しなかったからよ」とは言ったものの、後の祭りである。

あるソープランドで働く女性。これまで、ずっとSTDのチェックに通って来ていたが、コンドームを確実に使っているから全く感染したことはない。彼女には彼がいて、その彼との間では、妊娠を望んでいるのでコンドームは使わない。そして、待望の妊娠。ソープで働いていても、彼との妊娠であることにはつゆほども疑いは持たない。そして、「ぎりぎりまで仕事はするからね、先生。いつまでできるかなあ？」「私も経験がないからわかんないわあ。普通の仕事だったら、生まれるまでOKと言うけど。でも、ソープはねえ。あなたが、自分で見極めてよ」と言うしかない。彼女は今、つわりでやせこけ、フラフラになりながらも、仕事の合間に点滴をしながら仕事を続けている。もちろん、コンドームをきちんと使って。そのプロ意識、たくましさに脱帽である。

先日、性教育の研修会で、低用量ピルに対してのイメージを尋ねて、驚いた。「副作用が強くて怖い薬」と捉えている人が、圧倒的だったのだ。これまでピルを認可しないために喧伝《けんでん》されていた高・中用量の「血栓が怖い」というイメージがすっかり定着しているようだ。一カ月ほど前、アメリカの大学の産婦人科の教授の講演を聞いた。

「初経があったら、すぐ低用量ピルを飲み始める。子どもが欲しいときだけストップ。生まれたのち、また始めて、更年期の頃からホルモン補充療法に切り換える」

それが女性の理想的な姿だと言うのだ。そこまで言っていいのかいな、と思ったけど、確かに低用量ピルは、卵巣ガンや子宮内膜ガンを予防するし、にきびや多毛や月経痛を防ぐ。わずかに増えると言われる子宮頸ガンについては年一回の検診をすればいい。何より人工中絶という女性のみが背負う心身の負担から解放される。そんなに怖い薬ではないのだ。

私は、「避妊したいのでピルをください」と来る女性たちに好感を持っている。相手と避妊の話し合いもできず、すべて彼任せ。その結果、自分が辛い思いをする、そんな若い人の姿をさんざん見てきているからだ。

女性に「産まない自由」は保障されたけれど……

父親のいない子はかわいそう？

予定外の妊娠をしてしまったとき、女性は大いに戸惑う。この妊娠をどうすればいいのか。しんどいことではあるが、手段を選択し、決断せねばならない。当然、相手の男性との話し合いが持たれる。

二人の意思が一致すれば、問題なく結論が出るが、もし、意思が異なってしまったら？　彼女が産むことを望み、彼が困ると言ったら？　逆に、彼が「産んでほしい」と望み、彼女が「産みたくない」と言ったら？　そして、二人の意思と周りの身内たちの意思が異なってしまったら？

私は、現場でこれまで本当にたくさんのトラブルを見てきた。時にはドロドロの争いとなる。

三〇代の女性。職場の上司との間の妊娠であるが、彼女は産むことを望む。相手は家族もあり、当然、中絶を迫る。彼女は、結婚は望まない、一人で育てる、迷惑はかけない、自分にとってこの妊娠は年齢的にも産む最後のチャンスとなるだろうから大事にしたい、と強く主張する。ここまでは、現場ではよくあるパターンである。ここで、何とか彼の主張に負けず、がんばって出産となるか、やむを得ずの中絶となるか。一生一人で生きていくのか、子どもと二人で生きていくのか、四〇歳を目前にして揺らぐ気持ちは私にも理解できる。「一人で産んで育てる」と結論を出すのであれば、私の知る限りの情報を伝え、今の世の中、一人で育てることは不可能ではない、と励ます。多くの場合、トラブルの中で相手とは完全に縁切れとなっているから、彼の援助なしの、全く一人の子育てを覚悟せねばならない。保育所の情報、母子医療の申し込み方などを伝え、最終的には、生活保護を受けてもいい、と話す。

こんなとき、特に身内の説得の論法に必ず出てくるのが、

「父親のいない子はかわいそう。周りの祝福がない子は不幸だ」

というもの。冗談じゃない。今の社会、離婚だって、交通事故だって、いろいろな理由で、ひとり親の家庭っていっぱいあるよ。そんな家庭の子がみんな不幸でかわいそうだと言ったら、とても失礼でしょ。あなたが、その子を産むことを

望んで、かわいがって育てれば、その子はそれだけでとっても幸せになれると思うよ。私はこんな反論をする。

しかし、いつも思う。少子化が問題なのなら、ひとり親でも、子育てがもっとやさしくできる社会にするように政府も考えればいいのに、と。

さて、その反対、中絶を彼女も決心したとき、なんと相手の男性が同意書のサイン・押印を拒否することがある。少しは社会的に名が知られた（と本人が思っているだけのことも多いが）地位にある男性の場合が多い。今の日本では、相手の男性の同意がないと中絶はできないということを、ご存じないのだろう。

「誰か、代わりの男性に書いてもらえ」

なんてことを、平気でおっしゃる。あきれ果て、困り果てた彼女には、

「じゃあ、中絶はできないね。彼に言って。同意書のサイン・押印がないと中絶はできない。だから、産むことになる。産んだ後で、親子鑑定をして、認知と養育費の請求をしますって」

これで、ほとんどの人は渋々ながらサインをする羽目となる。妊娠とわかって程なく、男性が依頼した弁護士から、

「彼は、もうこれ以上あなたと交際をする意思はありません。今後一切、彼に電

話をしたり、手紙を出したり、連絡を取ろうとする行為を禁じます。もしそのような、面会を強要するような行動をあなたが取れば、直ちに法的手段を取ります」という内容の文書が送られてきたケースもある。「法的手段」というものが一体何を指すのか、わからない。妊娠した女が相手と話し合うために連絡を取ろうとするのは、全く当たり前の行為であると思うが。

妊娠を告げた途端、相手と連絡が取れなくなったというケース。これは、若い人たちに多いのだが、それまで連絡方法は携帯電話だけだったと。その電話を廃棄し、新たな電話を購入するのだろう。彼の友人も、勤め先も、自宅も、何も知らない。そんな危うい関係であっても、妊娠は成立する。今の「母体保護法」であれば、こんな場合は強姦でない以上、絶対に同意がいる。

避妊教育が必要な大人の男たち

このたび、「日本母性保護産婦人科医会」が「人工妊娠中絶・母体保護法」に関しての提言を行なった。

一九九六年九月、それまでの「優生保護法」が突然、「母体保護法」という名前に変わったが、その際、内容の論議がほとんどされなかったため、今後時間をかけて内容の検討をすることとされた。それを受けて、委員会が設けられ、このたびの提言となったものである。

その提言の中で注目すべきものがいくつかある。

Ⅰ　女性の権利に基づく人工中絶

1　妊娠一二週未満までは女性の権利に基づく任意の人工中絶を認める。

2　妊娠一二週以上での人工妊娠中絶は適応条項による。

Ⅱ　配偶者の同意

1　妊娠一二週未満の人工妊娠中絶では、女性本人の同意だけで足りる。

2　妊娠一二週以上の人工中絶では、配偶者の同意も必要とするが、最終的には女性本人の意思を優先することが望ましい。

Ⅲ　経済条項については、「身体的」理由から切り離し、「社会的」理由とする。

（今どき、本当に「経済的理由」で中絶というのはほとんどない）

ちなみに、一部の人たちの間で根強くある「胎児条項――胎児に異常がある場合には中絶ができる」とする項目については、新設されないこととなった。

正直、やれやれ、やっとこれですっきりする、という思いである。これまで、いくら本人が中絶を望んでも、相手の男性の同意がない限り中絶はできなかった。その同意書のサインを得るために、どれだけ女性が苦労し続けたことか。

しかし、これによって、男性の同意書が必要ないとなったら、それでにんまりとする男性もきっと出てくるに違いない、とも思う。

それにしても、産んでもらっては困るようなら、なぜ、ちゃんと避妊をしないのか。せめて、若い彼女が中絶というしんどい行為を受けなくて済むように、という配慮ぐらいできなければ。避妊の教育が必要なのは、決して若い人たちだけではない。十分に大人になってからのほうが、それだけ知恵もたけていて、卑怯《ひきょう》な行動が取れるものなのだ。

※この「日母」の提言は、いまだに日の目を見ていない。いつから実行されるのかのメドも立っていない。

自分の言葉で伝え合う努力を

貧しいコミュニケーションの結果

どうにも、会話が貧しい。パートナー間で、十分に会話が交わされていない。診療をしていて、何よりそれが私の苛立《いら》ちの原因となる。

若い人たち、でも、決して高校生だけでなく、社会人となっていても「避妊はどうしようか」どころか、「妊娠したらどうしようか、産めるのか、育てられるのか」との話し合いがなされていない。会話はなくとも、セックスはできる。望まなくても、妊娠はする。

私は、私の立場から、性教育に携わってはいるが、そんなに難しいことを言い続けているわけではない。もちろん、妊娠がいとも簡単に起こることをしっかり知っていないためもあるだろうが、あまりにコミュニケーションが貧しい間でのセックスが、当然の結果として女性の心身に負担をかけている、それを指摘しているだけなのだ。

コミュニケーションの不足はまた、若い人たちだけでなく、長年共に暮らしてきた夫婦の間でも言えることである。いま、更年期医療が進んで多くの熟年の方たちが治療を求めて来院する。中には、熟年離婚寸前という人も。もちろん、離婚が悪いことだとは言わない。残された人生をせめて心穏やかに生きたいという彼女たちの気持ちはよくわかる。が、それでも、こうなる前に、何とかならなかっただろうか、という残念な思いがある。

自己表現する力を高める教育を

あまりの夫の横暴に心とからだがぷつんと切れてしまって、長期入院している女性がいる。が、彼女が回復しないのは、夫のこれまでの行動の積み重ねと、「回復はまだかまだか」とせかせる今の行為なのだということを、彼自身は気づいていない。本人と精神科や内科のドクターと相談の上、私がそれを夫に告げる役目をした。

社会的にはエリートの彼は、ビックリ仰天！　まさか、あの彼女が、彼女は素晴らしい女性です、私は、世界一の女房だと思っています……。結婚した当初からの彼の行動を聞かされていた私が、その一部を話した。一つひとつに彼女がどんなに傷ついてきたか。我慢に我慢を重ねてきて、ついに今の状態になってしまったのだと。彼がこれまで、全く彼女の心を知らなかったのに、こちらも逆に驚いてしまった。「世界一の女房」――では、あなたは「世界一の夫たろうとしてきましたか？」と問うた。もう、関係の修復はとても困難な状況になるその前に、彼女もその気持ちを伝えるべく努力すべきだったのだが、それは、彼の暴力が怖くてできなかったという。心を伝えることを抑えられてきた結果だ。そんな彼に今、彼女は会うことができない。彼と顔を合わせることを考えただけで、からだが震え、パニックとなってしまう。

だから、私は彼に手紙を書くことをすすめた。自分が彼女にとても感謝していること、でも、彼女の心に鈍感であり過ぎ、ここまで彼女を追い込んでしまったことへの後悔と謝罪を込めて。「そんなことを書くのは、照れくさくて難しい」と言う。

「このままだと、離婚ですよ。もし、あなた自身が本当にこれから先を彼女と共に過ごしたいと願うのであれば、今しなければ」

私たちは、もっと表現しなければ。話し合わなければ。

若い人たちが来院した際、なぜ来たのか、自分は何を望むのか、その話をきちんと聞き出すのは、結構苦労する。単語がポツポツと出る、それをつなぎ合わせて理解しようとする。もっとも、産婦人科に来る、それだけで緊張もするだろうし、私という初めて会う人に、そんなに簡単に心を開いて話ができるものではないだろう。だから、「大丈夫よ。ゆっくりでいいから、ちゃんと話してごらん」と根気強く向き合う。


「お母さんが、産んではいけないって。堕ろしなさいって」

「あなたは？　あなた自身はどうなの？　そして、彼は？　二人の間ではどんな話し合いをしたの？　全部、お母さんに決めてもらっていいの？　だって、あなたたちはお母さんに決めてもらってセックスしたわけではないんでしょ？　自分たちのことなのだから、二人の間でも、もっと考えなければね」

これは、今日、私と成人の社会人と交わした言葉である。

逆に対照的なのが、更年期の女性。いかに自分の体調がすぐれないか、いかに夫がその私に無理解であるか、どんどんしゃべるのだけれど、それが全く要領を得ないから、長い話を整理しながら、じっと聞き役になる。それもなかなか根気を要するものがある。

私たちは、自分を表現する、という教育を受けてきただろうか。一方通行の知識を覚え込まされ、自己主張でもしようものなら、「口答えをするものではありません」と押さえ込まれてはこなかったか？　欧米の教育が、ディスカッション中心で話すことと、レポート提出で書くことを中心に行なわれているのに対し、日本の教育は……、と言われ続けて久しい。

自分の頭で考え、自分の言葉で語る、そして、自分自身をしっかり主張する。人を説得するために、自分の考えをいかに論理的に組み立てていくか。そして同時に他人の意見にもしっかり耳を傾け、かつ、尊重する。幼いときから、そんな教育がちゃんとされなければ。もう、そろそろ教育が変わってもいいのではないだろうか。

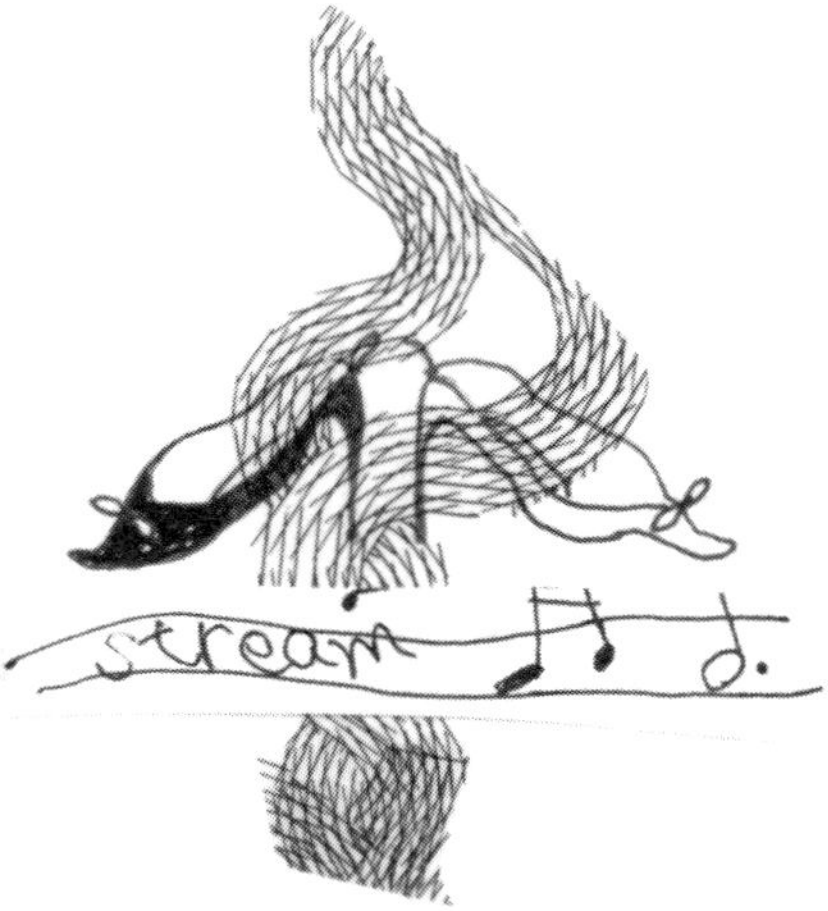
stream

性犯罪被害者の気持ちを酌めない警察官たち

警察は私の言うことを信じてくれない……

女子中学生が、ひどい性暴力の被害に遭った。母親にその事実を話し、共に警察に行った。その警察から当方に診察依頼の連絡があり、母娘でクリニックに来院した。複数の男たちによる、それはそれはひどい暴力で、何ともかわいそうであった。

「あなたが悪いのではない。あなたは被害者なんだから。悪いのは、その男たちなんだからね。自分を責めたらいけないよ」

そっと寄り添いながら、診察をする。ケガの具合はどうか、妊娠の心配はないか、性感染症をうつされていないか。一応の診察を終え、今後の治療も話し終えたとき、彼女が言った。

「あの、私は詳しいことも全部話したのに、どうして、警察は私の言うことを信じてくれないのですか？」

聞くと、これまでボーイフレンドはいたか、夜遊びはしていないか、などと事件とは全く関係のないことをあれこれ聞かれたという。警察に行くことだけでも、とても勇気が要ったのに、そして、事件の話をすることも辛いことだったであろうに、初めて警察に行ったその場で、いかにも彼女を疑うようなことを言われ、聞かれたという。

またか、と思った。以前は、

「彼女はその被害の前は、バージンでしたかのう？」

「それが、犯罪と何か関係がありますか？」

「バージンだったのなら、彼女の言うことを信じてやらないといけんと思いましてのう」

こんな会話は珍しくなかった。それまでの性経験の有無は、犯罪が「処女膜裂傷」を伴うか否か、すなわち「傷害罪」がつくか否かの判断のためには必要であろう。でもその前に、それによって彼女を信じるか否かの判断に使われるのだ。

しかし、ここにきて、性犯罪に対しての警察の対応が変わってきているといわれている。各都道府県単位で性犯罪専任のトレーニングを受けた女性警察官が配置され、性犯罪一一〇番の対応（ただし、平日の勤務時間内のみ女性で、土・日や夜間は当直の男性の刑事が電話に出るので、びっくりしたこともある）、被害者の事情聴取などにそれらの女性が当たっている。確かに、少しずつではあるが変わってきているのであろう。加害者が逮捕され、裁判となっても、被害者が法定に引っ張り出され、証言をさせられることもほとんどなくなった。被害女性の証言は、調書で代えるとされることが多くなった。

被害女性の傷ついた心に寄り添う取り調べを

彼女の場合も、女性の警察官が事情の聴取をしていたが、そこに男性の警察官が何度も入って来ては、あれこれ尋ねたという。それも、犯罪者を調べる狭い密室の取調室に、母親と別々に入れられての事情聴取だったという。まるで、犯罪者扱いだ。彼女は深く傷ついていた。そして、もう二度と警察には行かない、告訴もしないという。それはそれでいい。これ以上、彼女が傷つくことは阻止しなければ。あとは、彼女のからだの傷と心の痛みを癒すことに全力を挙げることだ。

次の日、初めに私に連絡をしてきた警察官から、電話があった。彼女は受診したか、結果はどうであったか。こちらとしては、相手が警察といえども、患者さんのプライバシーだから、めったなことは言えない。受診に来ました、ということと、ひどい被害を受けていました、ということのみ伝える。そして、付け加えておいた。

「でも、彼女は『もう二度と警察には行かない』と言っていますよ」

「そうなんですよ。さっき、お母さんに電話をしたら、そんなことを言われたので。一体、どういうことなんですかねえ」

「あなたが、あれこれ彼女を疑うようなことを言ったのでしょう？『詳しく話をしたのに、信じてもらえない』って言っていましたよ。彼女は被害者なのに、それに、初めて警察に行って、脅《おび》えているだろうに、どうしてそんな対応をするんですか」

「そうはいっても、私たちとしては必要なことを聞いただけですよ。せっかく、これは、捕まえてやらんといけんのう、と話していたところだったのに」

「でも、彼女の正式な告訴がないと、捜査はできませんよね。親告罪なんだから。こんなことをする男たちって、必ず再犯性があるから、またどれだけの女性が被害に遭うかわかりませんね。せっかく、勇気を出して、警察まで行ったのに、あなたたちの責任もありますね」

二〇代の女性の大学生たちが、ある企業の男性たちと合同コンパをした。ビアガーデンでのコンパの後、二次会としてみんなでスナックに行った。その二次会で、みんな意識を失ってしまった。どうもアルコールに薬物を入れられたらしい。そして、それぞれが目を覚ましたときには、男性とホテルのベッドの中にいた。その間の記憶が全くないのだが、何かされているのではないか、調べてほしいと来院したものであった。診察では、やはりレイプの形跡がはっきりと残っていた。この事件では、男性たちの企業も、コンパを企画した者もわかっている。犯人の特定はとてもやさしい。被害に遭った彼女たちみんなで警察に行ったのだが、「どうして、二次会に行ったのか。そんなところに行ったおまえたちが悪い」と警察で怒られ、とても怖い思いをしたという。結局、彼女たちも告訴はしなかった。この企業の男たちは、これに味を占めて、また同じことを繰り返すのではないか、そう考えると悔しい思いもするが、仕方がない。

私のクリニックの開業以来一〇年間の一〇代の受診者の統計では、六八人の性暴力の被害者が受診している。そのうち警察により犯人が逮捕されたのは、わずか数件の事件のみである。

表に出ないところで、どれだけの女性たちが性犯罪の被害で苦しんでいることだろうか。その中には、警察にまで行きながら、悔しい思いを抱えたまま、告訴をあきらめた女性たちもたくさんいるに違いない。

変わりつつあると言われている警察は、まだまだダメだと思う。もちろん、性犯罪の被害者がみんな警察に行くべきだとも思わないし、犯人が逮捕され、罰を受ければ被害者が救われるというわけでもない。警察があらゆる犯罪の被害者のために、誠心誠意がんばってくれるという期待を持っているわけでもない。でも、被害に遭った女性たちが責められ、さらに辛い思いをするという、この国のおかしな習慣だけは、早く何とかしなければ。あまりに無神経な警察の態度は、性犯罪の加害者と同様に、許せないという思いでいる。

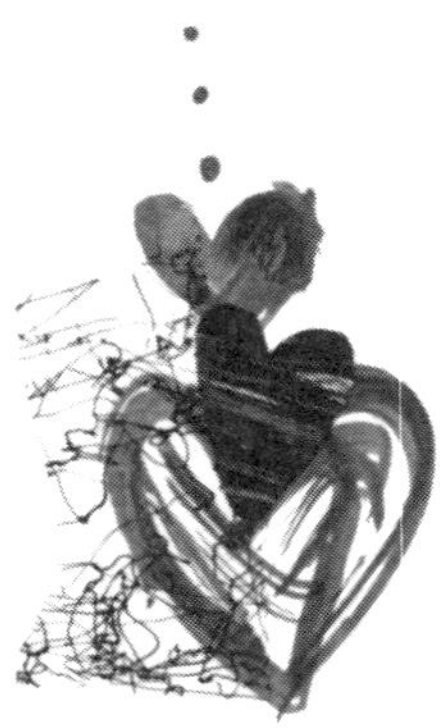

講演Ⅳ

更年期医療から見る性教育への提言

1997年8月7日講演〔学校保健研究会主催＝第36回学校保健ゼミナール／イイノホール〕

はじめに

昨年（一九九六年）、私は、ティーンの少女たち、一〇代の女子受診者についての集大成の作業を行ないました。大変な労力だったんですけれども、一人ひとりのカルテを全部繰って、コンピュータに入れて、統計をとってという作業を一生懸命にやりました。それを終えて、ティーンの性についてはこれでもう済ませた、いま私自身に関心があるのは更年期医療だということが見えてきました。更年期医療というと、性教育からは若干離れていくように受け取られるかな、学校教育を行う上で更年期について話すというのは場違いではないかなと思いましたけれども、私は、更年期医療というのはやればやるほど若い人たちへ何を伝えていくかというところにつながっていく、という確信を持つようになりました。私たちの教育は、ただその場その場をどう乗り切っていくかというところに焦点を当てる教育や子育てではなく、一人ひとりの子どもたちがどういう一生を送っていくのかということを視点に入れた教育であり、子育てでなければならないのではないかと考えています。

私自身、開業医ですので、本当にいろいろな方たちが来られる場で、さまざまな年代の方たちにお会いします。そして最近では、熟年の方々の来院がとても増えてきました。それは、特に産婦人科医療全体としてこれまで放って置かれた更年期医療というものにかなり視点を向け、力を入れ始めて、そのことがさまざまに報道されることによって人々に知られてきた、ということもあると思います。

熟年の方々に向き合って一人ひとりとお話をしていく中で、これは本当に大変だと思うようになりました。私はどちらかというと、以前は熟年の方々に向き合うというのは楽しかったんだけれども、最近ちょっと気が重くなりつつあります。何分にも話が長い（笑い）。でも、それは一人ひとりの方がこれまで生きてきた歴史を抱えて来られますから。そしてしゃべりたいことがいっぱいあって来られますから、じっと聞くのが仕事であります。聞かなければ糸がほぐれてこない。往々にして若い子ほど単純ではありませんので、その分長くなります。でもそれは私の仕事ですから、じっくりと聞きます。そして会話を交わせていきます。定期的に来ていただいて話をする中で、何とか体調や気力を取り戻していただくという毎日です。

更年期医療という医学的な面については、体というところを物理的に捉えれば本当に簡単なんですね。だけど、その抱えているものそのものに目を向けない限り、解決にはなっていかないと思っています。今日はその辺のお話をしますが、まず医学的というか、物理的なところを先に整理・解決しておきたいと思います。

女性のからだのリズム

まず更年期という前に、女性の体が持っているリズム、それも成熟期にある女性が持っているリズムというものを最初に捉えておかなければいけないと思います。図1は「基礎体温」です。男性と違って、女性は体のリズムを持ちます。リズムが一番わかるのが月経でして、ほぼ一カ月ごとに月経がある。では、そのリズムは何でつくられるかというと、ホルモンです。そのホルモンというのは卵巣から出るホルモンと捉えられがちですけれども、正しくはそうではなくて、卵巣を中心としたホルモンの巡りです。

図2は「女性ホルモン分泌のフィードバック機構」です。脳と卵巣が密接につながっていまして、脳の視床下部から脳下垂体に指令を出して、脳下垂体からまた卵巣のほうに「卵をつくれ」だとか、「黄体ホルモンをしっかり出せ」とかいう命令が来まして、そして卵巣が働く。卵巣が出したホルモンがまた脳のほうに指令を出していくということで、グルグルと巡っているわけです。直接体に働いてくるのは、卵巣から出るエストロゲ（ジェ）ンといういわゆる卵胞ホルモンとプロゲステロン（黄体ホルモン）です。卵胞ホルモンと黄体ホルモンが卵巣から出ます。そのホルモンの分泌が、基礎体温のリズムをつくるわけです。

まず、卵巣は常にエストロゲンという卵胞ホルモンを出しています。排卵されると、今度は黄体という卵巣の中に真っ黄色な、山吹色をしているものができて、そこから黄体ホルモンが出されていく。その黄体ホルモンが曲者《くせもの》でして、まず体温を上げます。だから高温期になるわけです。それから体に水をため込む性格がありますので、黄体期にはいろいろな体の不調が起こってきます。脳にも水がた

図1　ホルモンのリズム

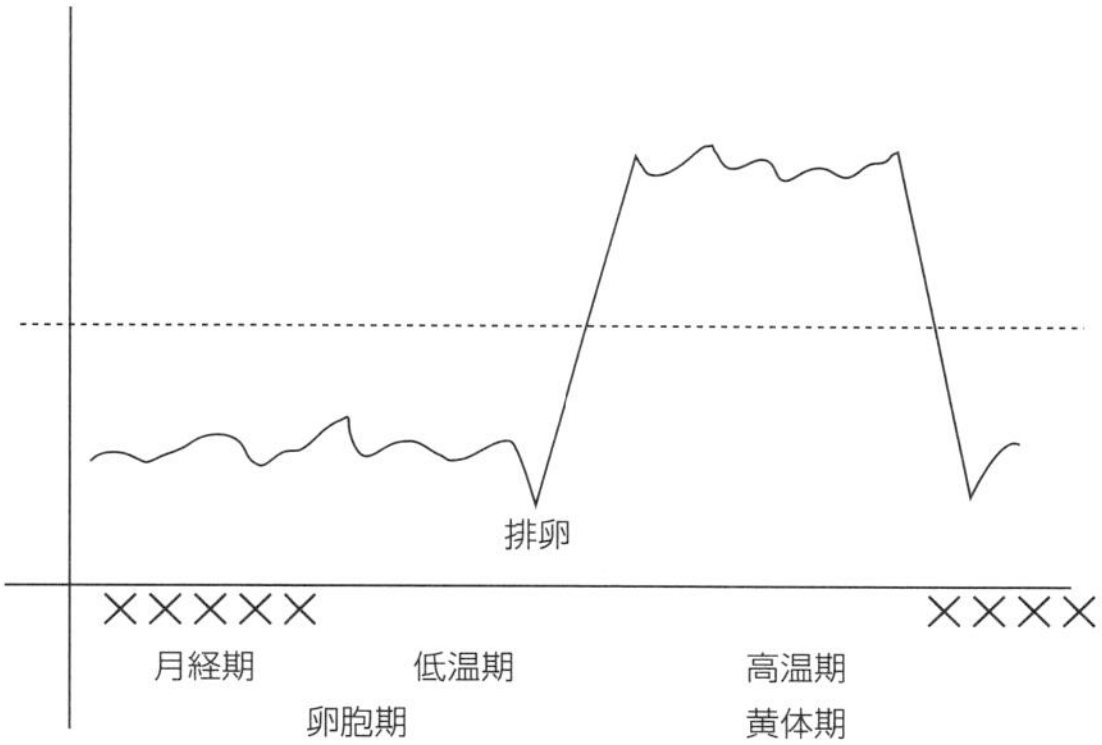

図2　女性ホルモン分泌のフィードバック機構

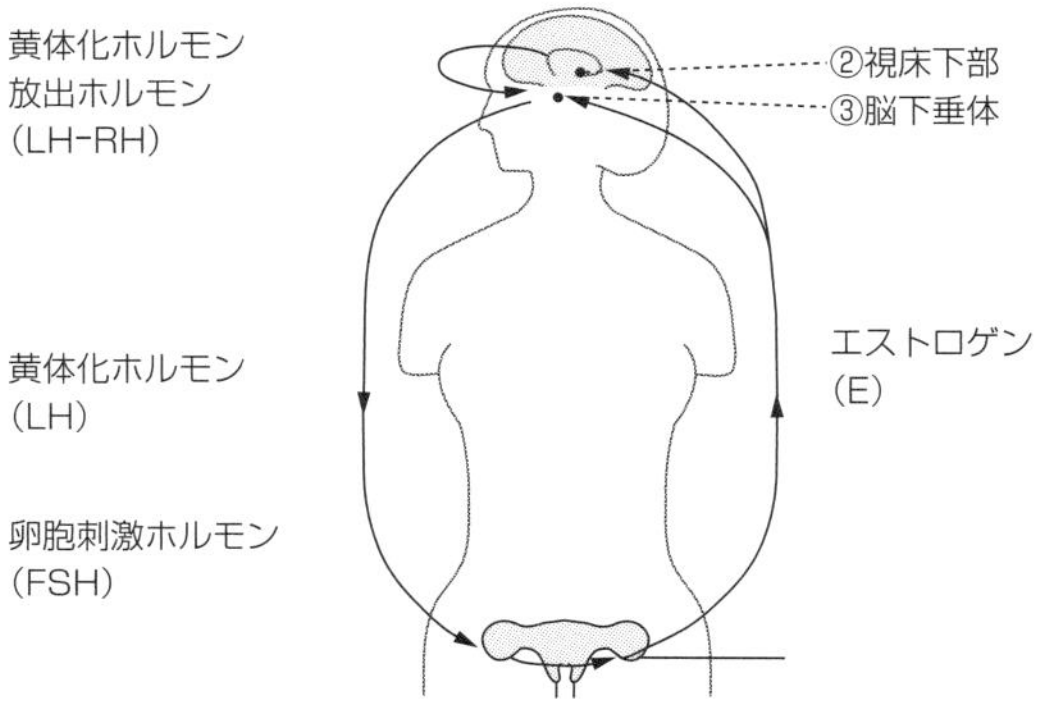

まります。脳浮腫の状態になりますので、眠くなったり、イライラしたり、尿の出が悪くなって体がむくんできたりします。

そして、不思議とこの時期は食欲が増します。いっぱい食べたくなります。月経前にすごく食べたくなるという経験がおありの方、たくさんいらっしゃると思いますが、とにかく食べる。もう一つ、性欲がなくなる。夫の手が伸びるのもいやみたいな感じになって、ピタッとしたくなくなってしまう。妊娠すると、黄体ホルモンがいっぱい出て高温が続くわけですけれども、妊娠しなかった場合にはスッと黄体ホルモンが出なくなって、体温が下がって、月経になっていく。月経になりますと、とてもよく尿が出るようになる。生理中はトイレによく行きたくなるという思いをなさった方があるかと思います。それから黄体期は便秘にもなりますが、月経期になると、むしろ下痢ぎみになったりする。そしてまた性欲も戻ってきて、食欲はなくなって、体は非常に快調な時期というか、体も軽い。それがピークになるのが排卵期です。性欲も排卵期にピークが起こってきます。排卵のときに性欲があって、排卵されたらピタッとしたくなくなって、飯だけモリモリ食って、グーグー寝る（笑い）、それを毎月毎月繰り返しているわけです。

このリズムって一体何なのかというと、まさに生殖のリズムです。いろいろ偉そうなことを言っていても、私たちも所詮は生殖動物の一種なのだと、本当にそういう気にさせられてしまいます。毎月毎月、子どもをつくれ、子どもをつくれというリズムが繰り返されていく。でも、すごく理にかなっているでしょう。排卵した後は男を寄せつけない。体を保って、来たるべきつわりに備えて栄養だけはとって、みたいなね。それがダメだったら、さあもう一度、でしょう（笑い）。そういうリズムがずっと繰り返される。初経からしばらくの間は無排卵のことが多いけれども、だんだんとリズムが整っていき、月経が規則的になると、こういうホルモンの繰り返しをする。これが私たち雌としてのリズムである。これは認めなければしょうがない。子どもをつくりたい人もつくりたくない人も、要するに健康なホルモンのリズムを持っている人は、その生殖のリズムを繰り返しているのだという、まずここの認識をしなければいけない。

更年期とホルモン

そして、図3が「年齢と性ホルモン分泌」です。だんだんと役目を終えてきてといいますか、四〇歳を過ぎて生殖もそろそろ終わりの時期になりますと、まず何よりもエストロゲンが出なくなってきます。ストーンと落ちていくわけですね。エストロゲンが出なくなるから、脳のほうが必死でエストロゲンをつくれ、つくれという指令を出していきます。図2にありますFSHですね。閉経期に入っているのかどうかを知りたいときには、私たちはLHとFSHという二種類のホルモンを血液で調べます。ポーンと高値になっていると、もう閉経だなということがわかります。

図3　年齢と性ホルモン分泌

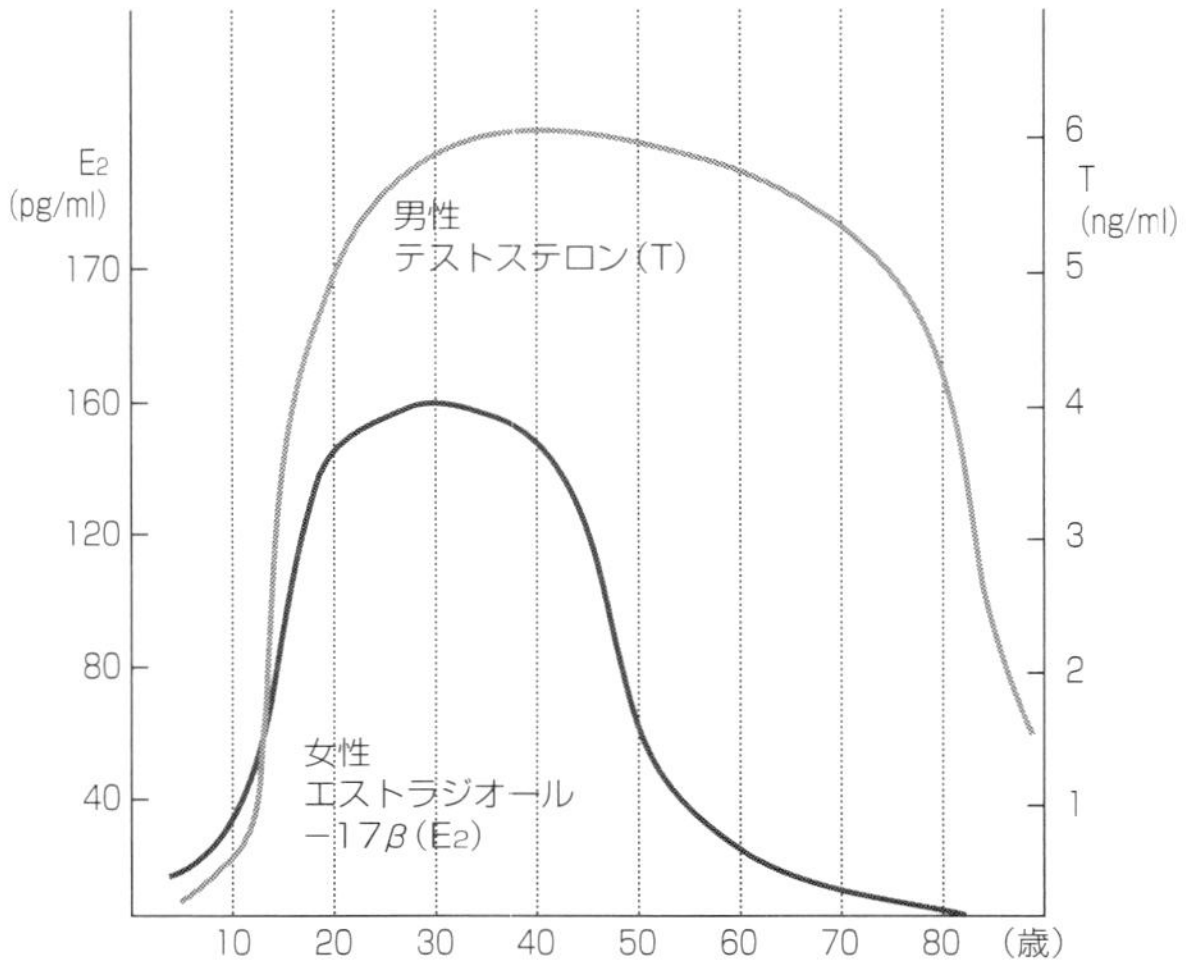

引用：玉舎輝彦『産婦人科薬物療法の基本と応用』

図4　女性ホルモンが低下すると
どんな症状が出てくるのでしょうか

0＝閉経年齢、日本人の閉経年齢の平均は50～51歳

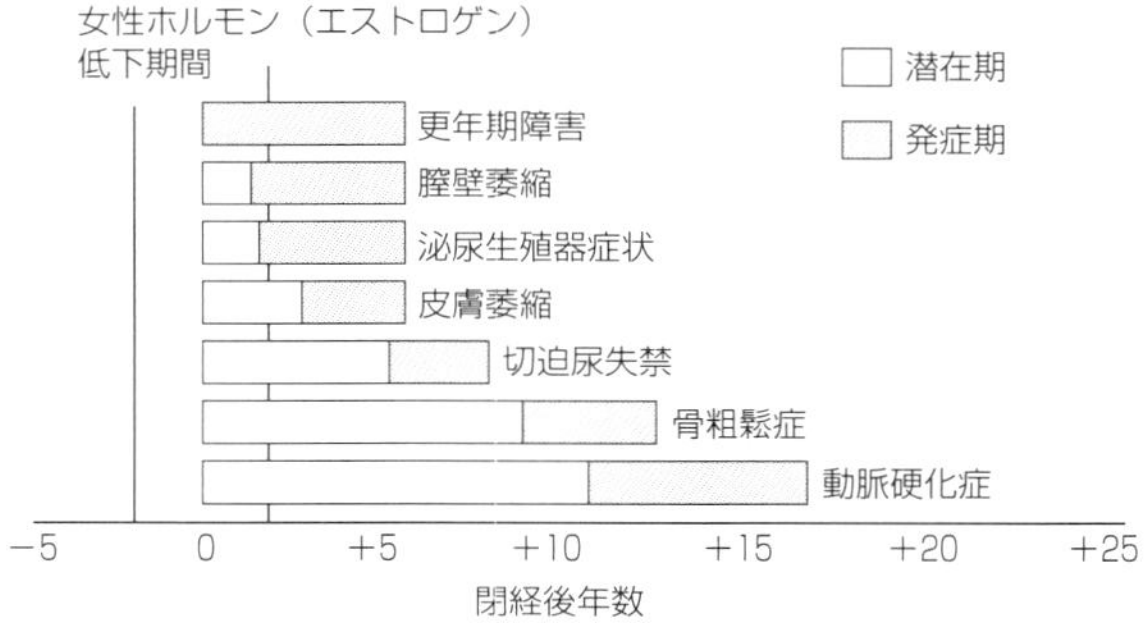

引用：Van Keep PAら、1973

一方、図3の上のほうにある男性のテストステロンというのは、落ち方がなかなか緩やかですね。八〇歳になっても結構高値を保っている。女性はストンと落ちていく。ここのところが、後で話しますけれども、夫とのさまざまなトラブルのもとになっていくわけです。

では、エストロゲン、いわゆる女性ホルモンと言われている卵巣からのホルモンが落ちていくと、どういうことが起こってくるか（図4）。これがいわゆる更年期症状で、人によって軽い、重い、いろいろあります。みんながみんなひどくこういうのが出るわけではありません。非常に個人差があります。子育てが終わって、子どもが巣立つというのは寂しいですね。昔は、特に子育てだけに生きてきた女たちが、次々と子どもたちが巣立ってしまったことから生じる喪失感といいますか、それと時期が一致して、自分の生きがいがなくなってしまった人ほど更年期症状がひどく出る、と言われていました。自分の生きがいがある人はほとんど出ないんだと。それは何なのかというと、気力の問題だと言われていました。

私は、そんな単純なものではないと思います。私は充実した仕事の世界、自分の世界を持ちながら子育てをしましたけれども、それでも息子が大学生になって東京に出て行った後はすごい喪失感でしたからね。寂しくて、すぐ涙が出てきそうな……。信じられないと言われますが、ご飯をモリモリ食っていた息子がいなくなったにもかかわらず、ご飯をいっぱい炊いてしまって、残ったご飯を前にして侘《わび》しい思いをかなり繰り返しました。そして娘も東京に出て行って、今では夏休みといえども帰って来なくなりました。今日はこの講演の後に息子と娘がここへ訪ねてくることになっていて、久しぶりに会えるのでドキドキするほどうれしいんです。まるで恋人に会えるみたいな……（笑い）。それでも子どもが巣立っていった後の喪失感というのはあります。

後で私の更年期の症状をお話ししますけれども、〝やられたなぁ〟という、激烈なものが起こってきました。精神論で片付けるのは良くないですね。それから、子育てばかりやっていたから喪失感だと言われても、子育てばかりの、そこでしか生きられないようにさせてきたのは一体誰なのか、と言いたくなってしまいます。

多かれ少なかれ出てくるのが倦怠感です。体がだるい、疲れが残る。

私は自転車で通勤していますが、仕事が終わると自転車を漕ぐのもだるいほどグタッと疲れるというのが出てきました。それから肩凝り。もともと肩凝りなんですが、ひどくなってまいりました。今も控室で話したんですが、ゆうべ仕事を終えて、最終の新幹線に飛び乗って東京へ来ました。広島から四時間なんですね。ホテルに着いたのが夜の一二時頃。湿布を貼っていたんですけれども、眠ることもできないほど肩が凝っていましたので、ちょっとぜいたくをしまして、マッサージさんを呼んで揉んでもらいました。気持ち良くって、天国だという思いがしました。

最初に言わなければいけなかったんですが、自覚症状として何より出てくるのは、月経が不順になる、または月経が停止するということです。それに伴って不正出血が起こってきます。それから、ほてり。カーッと熱くなって突然汗がドッと出てくるとか、訳もなく熱くなったり寒くなったり。みんな平気な顔をしているのに、自分だけが熱い。これは何なのかというと、自律神経失調症と言われますが、更年期の症状も一つの自律神経失調の状態なわけです。

それから粘膜の潤いがなくなります。口だとか目だとかも含めて。目が乾いて目薬が離せなくなったとか、唾液の分泌はあるはずなんだけれども、のどの奥のほうがいつもイガイガして、ウウン、ウウンとやったり、うがいを繰り返したり、お水をいつも飲んでおかなければいけなくなったりとか。それから膀胱粘膜。膀胱炎を繰り返す。菌はいなくても膀胱炎症状。尿が近くなったり、近いだけではなくて残尿感があったり、血尿が出たり、排尿痛があったり。それから膣の粘膜もいわゆる潤いがなくなったり、薄くなる。これが後で話す性交痛を起こします。それから自覚症状として、性交痛に加えて、エストロゲンが低下しますから性欲が低下してきます。子どもをつくれ、つくれという状態から解き放たれるわけですから、セックスを自ら好んでしたくなくなってしまう。これもパートナーとのトラブルのもとになっていくわけです。

それから、それらに伴って不眠。眠れないというのは苦痛ですよ。頭がしんしんと冴えて、ちょっと気がかりなことがあると眠れなくて、特に隣で夫がグースカ寝てると腹が立ってくる。私も本当に不眠に悩みましたね。次の日も仕事があるのに眠れない。眠れないで、ああ五時になった。ＮＨＫのテレビが始まるから、エイヤーッと起きてテレビをつける。テレビの前のソファに横になっていると、ちょっとウトウトして、でもすぐ起きなければいけない時間。それを何回か繰り返すと、本当に体がしんどくなって、よけい疲れるようになるし、肩も凝るし、だるくなって、悪循環の繰り返しとなる場合もあります。みんなにも起こりますよと脅しているわけではなくて、そういうことが起きる場合もあるということです。

また、それに伴ってうつ、気分が塞《ふさ》ぐ。体がしんどいのとうつが重なると、起きられなくなって寝た切り状態になり、多くの場合は入院ということになりますが、入院しても一日中、ウーウー泣いている。何が悲しいのかわからないけれども一日中涙が出てというような症状のひどい方も、入院先から治療に通って来られたりします。それらは自覚症状ですね。

それから、これは自覚に入れていいのか、他覚に入れるべきか、ちょっと迷ったんですが、体重が増えます。皮下脂肪が増えます。中年の女性の体型というのは決まっているわけで、ウエストがなくなってきて、おなかに脂肪がついてきます。女性は一生に二回、皮下脂肪がグッとつく時期、体重が増える時期があります。一つは思春期で、思春期にグッと体重が増えて、それでしっかりとした大人の成熟した体がつくられていくわけです。思春期と更年期、これは自覚的にも他覚的にもそうですね。

それと、これは他覚的にですけれども、血中のコレステロールが高くなります。エストロゲンは血液の中のコレステロールを分解するとか掃除をする働きがあって、エストロゲンが減りますから、どうしてもコレステロールが高くなってきます。

それからもう一つ、骨粗鬆症《こつそそうしょう》、骨がスカスカになってくる。牛乳とかカルシウムをしっかりとっていても、血液中のカルシウムはいっぱいでも、骨の中に取り込むのが……。骨というのは、いつもいつも再生産されているんですね。骨の細胞が壊れて、またつくられる。そこに取り込む力はエストロゲンの働きですから、それが弱くなって、いわゆる骨粗鬆症になりがちなのです。

昔は腰の曲がったお婆さんがたくさんいらっしゃいましたけれども、最近はだいぶ姿勢が良くなっている。あれは骨粗鬆症で、腰椎がつぶれてくるわけです。それから寝た切りのお年寄りになる理由は、いわゆる脳軟化と言われたりしますが、脳の血管障害の問題と、もう一つ非常に多いのが骨折なんです。転んだときに大腿骨の頸部がポキッと折れやすくなります。大腿骨の骨折をやりますと、くっつきにくいです。お年を召した場合、骨もスカスカになっていて、くっつきにくくて、それで寝た切りになるケースがとても多いわけです。骨粗鬆症の予防のために、若いうちからカルシウムをしっかりとりましょうとか、適度な運動をしましょうとか言われているのは、寝た切りにならないためにという、その目的も含めて言われているわけです。

というような諸々のことが起こってくることがあります。あまりいいことはないですね。いいことという点では、月経の煩わしさから解放されることはあるかもしれない。特に子宮筋腫のある人とか子宮内膜症のある方は、閉経が来ればこれで救われます。筋腫はそれ以上大きくならないというか、むしろ縮みますし、子宮内膜症もどんどん改善していきますから、手術をしないで、持ったままで何とか乗り越えてやろうという方は閉経を心待ちにされる、そういうケースもあります。

そういう諸々のことが起こってきた場合の治療です。医学的な物理的な治療です。まだ閉経していない、月経はあるのに非常に強く起こってくる人も中にはあります。たいていは閉経して二年ぐらいたったときからドーンと来ることが多いですね。閉経してもエストロゲンはある程度出ていて、それによって支えられていることもあります。閉経する前の方には、自律神経を改善させるような漢方がありますので、私の場合は二三番の「当帰芍薬散《とうきしゃくやくさん》」という漢方薬をお出ししていますが、ドクターによっては二四番をお出しになっている場合もあるようです。私はいろいろやってみてこの二三番が一番効くと思っていまして、二三番の漢方で、ほてりだとか肩凝り、うつは改善してきます。これで改善しない場合、不眠に対しては軽い安定剤をお出ししたり、うつも漢方を飲めば大体二週間で改善しますが、一カ月飲んでも効果が見られない、まだ症状が残っているというときには、軽い抗うつ剤をお出しします。

私の場合は、もともと胃薬として開発されたものを胃薬として出していたら、皆さん気分が良くなった——それを精神科で使ったら、皆さん症状が治ってきた——ということで、これは抑うつ作用もあるのではないかという発見のされ方をした、「ドグマチール」というお薬をまず一日二錠から。もうちょっとというときには三錠ぐらいまで増やしたりしますが、そういうお薬をしんどい間だけお出ししたりします。この程度のものはこれで改善します。

ホルモン補充療法とは

ところが、粘膜の問題とか、先ほど言った目だとか口の中とか、膀胱炎を繰り返すとか、性交痛とか、そういうのを伴った場合は、漢方だけでは不十分で、漢方をやっても効果がないときにはホルモン補充療法――HRT、ホルモン・テラピーです――に入っていきます。巷には、〝ホルモンは害〟という説が結構広まっているんですね。「ホルモンを飲むとガンになる」とか、いろいろ言われているみたいですから、いきなりホルモン補充療法はやりません。ホルモン補充療法について書かれたパンフレットとか資料もまとめておりますので、まずそれをお渡ししてご本人に勉強してもらい、いろいろな抵抗を取り除いていただいて、その上で、やりたいという方だけにお出しする。ホルモン補充療法はこちらから強くおすすめするものではなく、希望する人がその希望に沿ってやるものであるということが原則ですので、希望される方にのみホルモン補充療法を行なっています。

ホルモン補充療法の主体はエストロゲンです。図5の二つのグラフを見てください。エストロゲンを投与することによって、身体上の諸々の問題が解決していく。主体はエストロゲンですが、「ホルモンを飲むとガンになる」と言われてきたのは、一面正しくて、図6を参照してください。私が医者になってから二五年たちましたけれども、二〇年ちょっと前ぐらいに、広島というのは近くに岩国という米軍基地があって、広島市内にはABCCという――今は変わりましたが――アメリカが原爆の後遺障害を調査するためにつくった施設もありました。被爆者をモルモットにしているとか、いろいろ批判されてきましたけれども。そのために岩国とかABCCにお勤めのアメリカ人の奥さまが大学病院に結構来られたりして、そのときにこれを飲んでいるというふうにお出しになったのがいわゆるエストロゲンで、〝へえー、アメリカの人はこういうのを飲むのか〟って、びっくりした覚えがあります。

図5-1　骨量に対するエストロゲン補充療法の効果

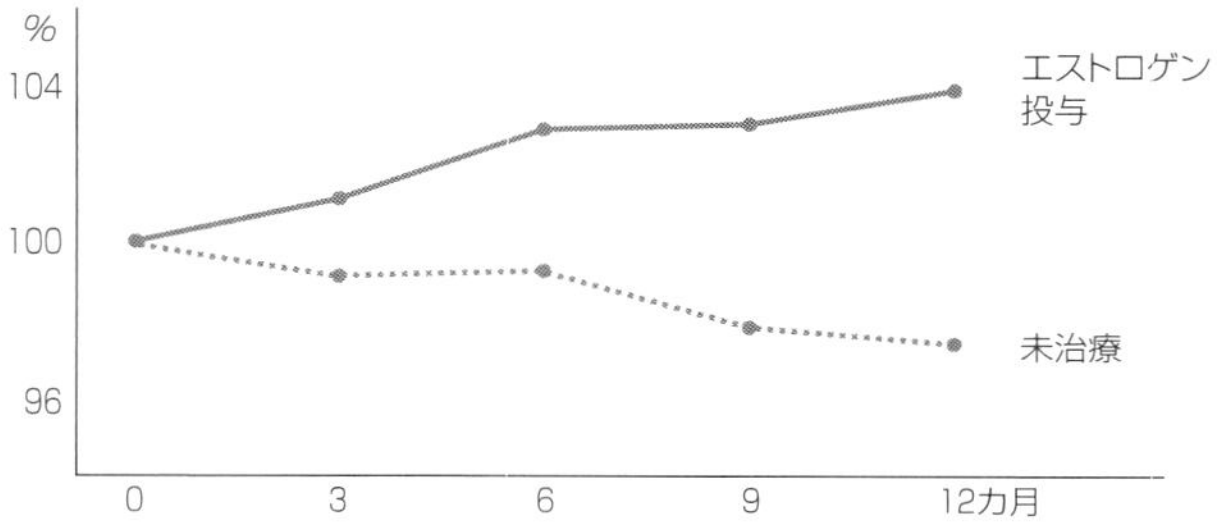

図5-2　血清コレステロールに対するエストロゲン補充療法の効果

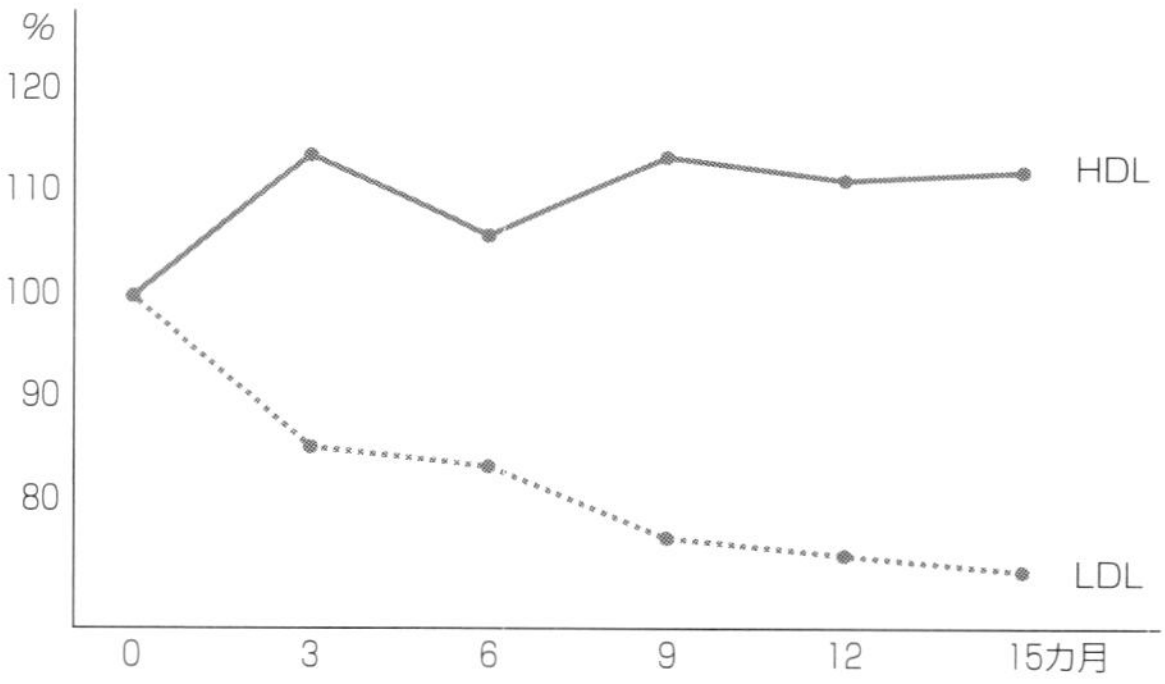

引用：2点とも九州大学医学部産婦人科

図6　女性ホルモン療法を上手に行なった女性のほうが、
無治療の女性よりガンになる率が低い

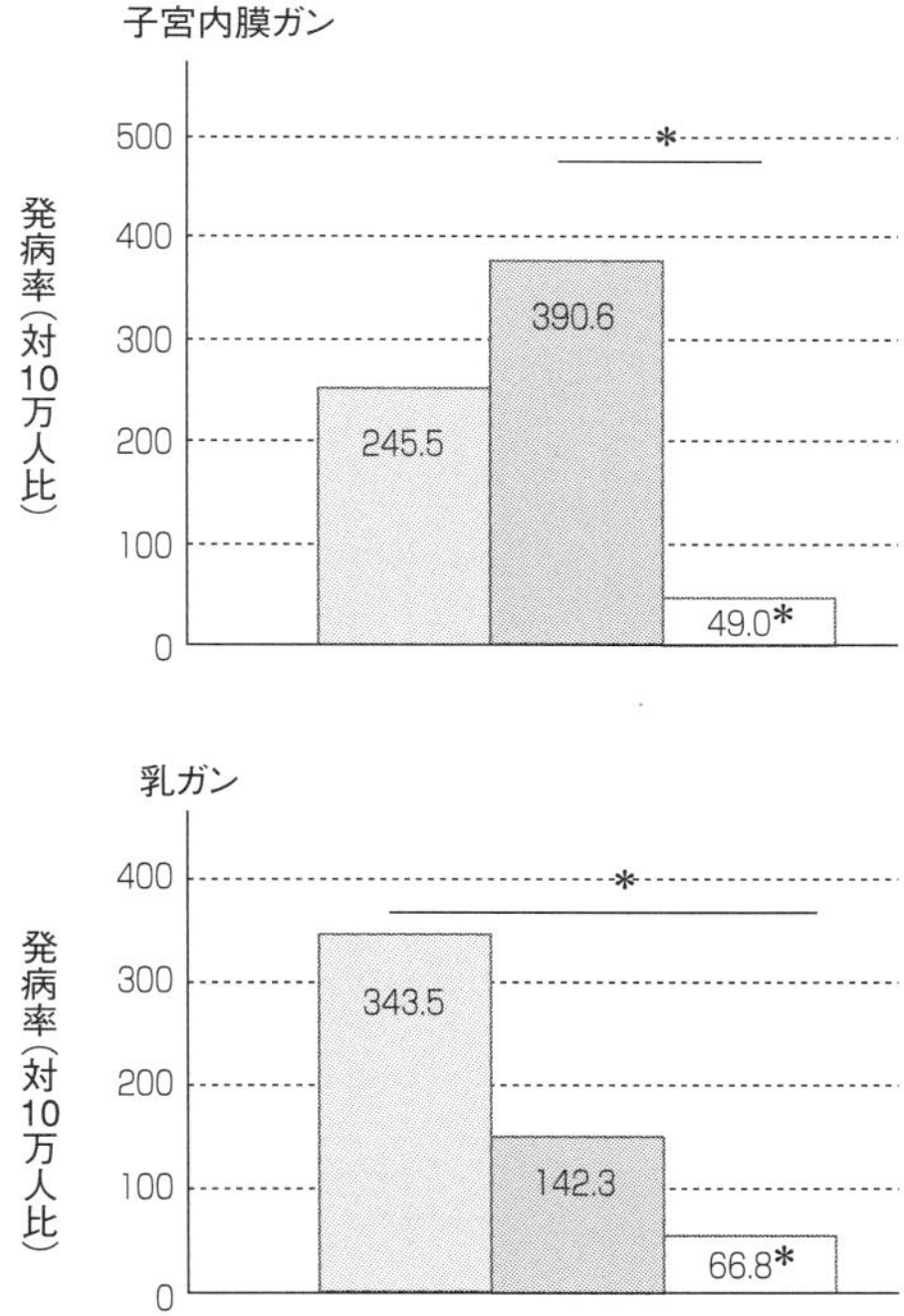

……女性ホルモン療法を受けなかった女性
……エストロゲンのみを服用した女性
……エストロゲンと黄体ホルモンを同時に服用した女性
約3000人について、9年間追跡調査したもの。
（*は有意差〔はっきりとした差〕があるという意）

引用：Gambrell R. D. Am J Obstet Gynecol 156：1304, 1987

二〇年ちょっと前の日本では、閉経した後、女性がホルモンを飲むなんていうことは考えられもしなかった頃ですから、〝へえー、あんなものを飲んでまで若さを保たないといけないのか〞という思いがしたのを覚えております。まだ私も若かったから、更年期の辛さも理解できなかったのですね。

子宮ガンには頸ガンと体ガンがあって、エストロゲンだけをずっと飲んでいると、奥のほうの体ガン、内膜ガンになる率が確かに高くなる。図6の上のグラフ、一番左側が何もしなかった人で、真ん中がエストロゲンだけを飲んだ人。確かに増える。どうもこれはまずいということで、黄体ホルモンは内膜ガンの治療薬としても使われていますから、ガン予防に黄体ホルモンも一緒にとったらどうかということで、今はエストロゲンと一緒に黄体ホルモンも摂取するのが原則です。そうすると、内膜ガンになる率がドーンと減る。何もしなかった人よりも、もっとガンにかかる率が減る。これは一番右側です。ガン予防のためにも黄体ホルモンも飲むということが原則になっています。

乳ガンについては図6の下のグラフで、左側から何もしなかった人、エストロゲンを補充した人、両方を補充した人になっています。

ただ、子宮をとっている人、子宮のない人については黄体ホルモンは要らない。エストロゲンだけでいい。そのホルモンが影響するところのガンですから、子宮ガンか乳ガンです。乳ガンについては、まだいろいろな説もあります。子宮ガンも乳ガンも検診を必ずきちんと受けることで、クリアできますね。

エストロゲンについてはいろいろな製剤があって、まず内服、飲み薬ですね。粒。これは一日一回、夜だけ飲む。それから膣症状だけの場合、ホルモンがなくなったために真っ赤になって膣炎を起こしたり、黄色っぽいおりものが出てきたりするというときには膣錠があります。全身は何ともないけれども、局所の膣だけという人の場合には小さな膣錠を膣の中に入れる。それからセックス時、痛いという場合には、膣錠に加えてホルモンを全然含んでいないゼリーを使う。リューブゼリーとかいろいろありますけれども、そういう手もあります。それから欧米ではホルモンを含んだクリームがあります。外陰部も粘膜ですから、赤くなったときに塗るホルモンを含んだクリームがありますが、日本ではこれは許可されていません。いつかは許可されるかもしれませんが、今は許可されていないので、日本では手に入れられません。

それからパッチ、いわゆるシールみたいなのがあります。百円玉ぐらいの薄いフィルムになったものを、おなかにペチョンと貼るんです。おなかとか、お尻でもいいんですが、そのフィルムはラップフィルムよりちょっと厚いくらいのものにホルモンがついていて、それを貼ることによって徐々に皮膚から吸収されていく。二日に一回、貼り替える。胃の悪い人にはそういうパッチの製剤も出ていまして、飲みたくない人にはパッチを出しています。製剤としてはいろいろなものがありますけれども、エストロゲンを補充することによってさまざまな体の症状はとれていきますので、とても症状が強い人には、先ほど言った漢方とホルモン補充療法を併用するとか、人に応じて追加の治療をします。確かに性交痛はなくなるし、目が乾いて乾いて、車を運転していても赤信号のたびに目薬を入れないといけないという人も、目薬が要らなくなったとか、セックスのとき痛くなくなった、苦痛ではなくなったとか、眠れるようになりましたとか、頭が痛かったのがとれましたとか、腰が痛かったのがとれましたとか、諸々。

他覚症状としては、コレステロールの値は下がってくる。それから骨密度、骨量を測りますと、それは一気にではありませんが、徐々に改善していきます。ただ、体重は減らないですね。エストロゲンをとっても体重は減らない。それは個人の努力にかかわってくる問題だと思います。更年期の医療は、そういう諸々のことがされるようになってきました。

リウマチとホルモン補充療法 ～私の場合～

私の場合ですけれども、私はいま五〇歳です。以前は、本当に自信満々だったんですね。ピシッと月経が来て、妊娠したとき以外は狂わない。どんな無茶をしても、徹夜をしても……。私は勤務医のときにもひどい生活をしていましたから、三時間ぐらいしか眠れない生活を繰り返してきていても、ちっとも乱れることなくピシッと月経はやって来ていて、自信満々だったんです。私は六〇歳まででも月経はあり続けるのではないだろうかと思うくらいピシッとしていたのが、乱れ始めて多少泡を食ったというか、自信過剰の鼻が折られたというか、やっぱり私もそうだったかと……。

私は、乱れてきた頃というのは、月経周期が早くなって、追っかけ追っかけ、この間済んだのにまた来たわ、みたいな感じでした。そのうち、こんなの煩わしくてかなわんなあと思っているとポーンと飛んで、あれ？　まさか妊娠したのかなあとか、こんな突然に終わるかなあと思ったら、またひょっこり来たりと。

そのように不規則になっていったときに、私はリウマチになったんです。慢性関節リウマチで、リウマチというのは四〇代が好発年齢です。四〇代の女性が一番かかりやすくて、男性もかからないことはないけれども少ないですね。若い女性もかからないことはないけれども少ない。これは自己免疫疾患で、リウマチというと笑う人がいますが、「ひざが痛い」とか「私はリウマチで……」とお年寄りがおっしゃる、それと混同されて笑われるんだろうなと思いました。自分がリウマチになってリウマチの最新情報を勉強していくと、ピルを飲んでいる女性はリウマチにかかる人が非常に少ないという研究論文を知りました。四〇代の女性が一番かかって、ピルを飲んでいる人はかからないということは、やっぱり女性ホルモンの変動に関係があるのではないかと考えました。

そして、私のところに来られている患者さんで、リウマチの治療をしながら、なおかつ私のところでホルモン補充療法を始めた方々は、リウマチがすごく改善している。リウマチの治療もしながらホルモン補充療法をすると、リウマチ専門の先生がびっくりされるほど、皆さん改善していかれます。

私はリウマチで血液反応が出るのが先だったんですけれども、おかしいなあと思っていたら急速に悪くなって、右の手首と左の人指し指で、内診とか、仕事に絶対必要なところが腫れ上がって、痛くて痛くて、朝、激痛で起きるほどというか。手首の回転ができなくなるので、箸が持てないし、ドアのノブも回せない、字も書けない。左手は腫れ上がって曲がらなくなって、内診するのが痛くて痛くて。このままでは私は仕事ができなくなる、診察に障るようになって途方に暮れたんですね。

　学生時代に同じクラスだった友人が大学病院でリウマチ専門の診療をやっているので、その友人に助けを請うと、リウマチの治療を即始めるということで、サラサラと処方箋を書いてくれました。抗リウマチ剤をすぐ使い始めることと、加えてステロイドホルモンだったんですね。抗リウマチ薬は注射と飲み薬。それにステロイドをすぐに始めるようにと言われたのですが、ステロイドはいやだなぁって。「このくらいのステロイドの量だったら、そんなに怖がることないから飲め」と言われたんだけれども、本当はこんなことを医者が言ってはいけないんでしょうけど、自分がステロイドを飲む側となったらいやだなぁと思ったんです。同じホルモンを飲むんだったら、私は四〇代で月経が不順になった頃からリウマチになったんだから、ホルモン補充療法をやってやれと。ステロイドより、私は産婦人科医だから女性ホルモンのほうに慣れているので、亜流ですが、こっちのほうを先にやってみようと。それでダメだったら、あきらめて抗リウマチ薬、ステロイドを使おうと。

　そして、あまりに痛くて苦しむ姿を夫も見ているので、とにかく何らかの治療をしないと、そんなに辛いんだからと盛んにすすめられました。結局、女性ホルモンを最初は貼って、これは結構面倒で、内服薬に変えました。そしたら、リウマチが治ったんですね。痛みはきれいにとれたし、腫れもとれたし。でも、リウマチというのは波がありますから、またいつか出てくるかなと思いながら、でも完壁にラクな状態を維持しています。

　そのためにホルモンをとり始めたので、私はほてりだとか、そういうのは知らないんです。ほてりとかが出てくる前でしたから。ただ、だるいとか不眠だとか、そういうのはありましたけれども。それから、のどのエヘンというのは完璧にとれました。肩凝りは相変わらずですが、疲れも本当になくなったので、私としてはホルモン補充療法はずっと続けるだろうと思っています。

　いつまで続けるかという問題ですが、いつまででもいいんです。本人が希望するまで。八〇代の方で骨粗鬆症がひどいというのでホルモン補充療法をなさっている方もありますし。更年期の一時期のしんどい時だけというのではなくて、ずっと飲み続けても少しも構いません。コレステロールを下げるし、動脈硬化の予防にもなりますから、脳の血流の改善のために男性にもエストロゲンを飲んでもらったらどうかと言っている人もいます。だからいつまで続けても構わないので、私は死ぬまで続けたいとは思っていますけれども、これはあくまで個人の希望によるものです。いやになったらやめればいいし、またやりたいと思ったら再び始めればいいし。そのように自由に考えていいもので、恐ろしいことでも何でもない。

　ましてやホルモン補充療法をしている人に対して、「そんなことをしたらガンになるよ」みたいなことは決して言うべきではなくて、本人がやりたいと思えばやればいいので、他人がとやかく言うことではありません。そういう性質のものだと思っています。そういう治療が進みましたので、しんどい人はどうぞ、これは〝女の業だ〟とか言って我慢するようなことでは決してない、ということだけはぜひ知っておいてほしいと思います。

更年期は夫との関係が見直されるとき

その上で、最初に言いました熟年の方々と向き合うときに、物理的に体だけを治していけばそれですべてが解決するものではない、という話に入りますけれども、私は更年期というのは、これまで生きてきた集大成がそこで非常に密になって出てくるものだと思っています。まず、夫との関係が見直される時期。子育ても済んで、二人でこれから余生を楽しんでいきましょうという段階に入る時期ですね。そのためにいろいろと二人で老後の設計を立てて、旅行を楽しんだり、陶芸をやったり……。それこそ本格的に陶芸の窯を買って、余生は二人で陶芸を楽しむ、という選択をする人もいますし。子どもが離れていって、二人で始めた本来の生活に戻る時期です。ところが、子どもが離れて二人きりになったときに、いい関係がつくれない、夫との諸々のトラブルを抱えてしまうということがあります。そこには往々にして「性」が絡んでくるわけです。

1：性と生殖が一致していた時代は……

私は最初、私たちのリズムは生殖のリズムだと言いました。子どもをつくれ、つくれというリズムである。女性は本来、そういう体を持っていると言いました。性というのは本来、生殖でありまして、子どもをつくるためにするものでしたけれども、今やその意味が変わりました。私が生まれる二年前まで、日本の女たちは性と生殖が一致していたんですね。明治以来、「産めよ殖やせよ」という国のスローガンの下で、国力としての赤ん坊、それからある時期は天皇の赤子としての赤ん坊を産まなければならなかった。女たちは産むことが義務でした。

だから、あの時代はどんな理由があっても一切の人工中絶は許されていませんでした。たとえ母体が危ないということになっても、母体より赤子優先ですから、〝たとえあなたが死んでも、赤子は立派に産ませてあげますよ〟という言葉の下に、あらゆる人工中絶は禁止され、そして犯罪と見なされました。そのために死んでいった女たちもたくさんいました。「難産」即「死」を意味していましたから。そして、身ごもっては産み続け、四〇幾つまで産んでいました。あの時代、一九四五年（昭和二〇年）の日本の女の平均寿命は五〇歳です。昭和の初めの日本の女の平均寿命、ご存じですか。四二歳なんですよ。私なんか、もう老後ですよ（笑い）。そうして産み続けて、産む能力を失った時点で命を終えていく。これが平均的な女の人生でした。末っ子を産んで程なく、です。まさに生殖の終わりは、その人の命の終わりであったのです。

これは多くの動物にとって、とても自然なことなんですね。ご存じでしょう。サケだって、広い海から故郷の川に戻ってくる。岩に体をぶつけ、滝を必死で登り、生まれ故郷に帰れなかったサケは産卵できない。やっとの思いでたどり着いたサケだけが卵を産み、または射精することができるわけです。そして産卵を終えたサケは体はボロボロで、そのまま生を終えていきます。まさに命懸けで命を伝えていく。

カブトムシは交尾をします。交尾が済んだ時点で、雄はそのまま力尽きたように死んでいきます。カマキリなんて、その時点で雄は動かなくなって、雌にガリガリ食べられちゃうわけでしょう。雌がちょっと長生きをする。その雌もやがて卵を産み、卵を産み終えた時点で、まるで義務を果たしたかのように死んでいきます。そして残された卵が翌年、たくさんのカブトムシになって命を甦らせていく。まさに命懸けで生殖を行い、そして死んでいく。自然界としてはとても自然なことであって、以前の女たちは、生殖の終わりが死であった。まさに性と生殖の一致ですね。

ホルモン補充療法のことで付け加えるなら、本来、動物として人間も生殖が終われば死ぬのが自然なのではないか。人間だけが、その知恵でもって、医療や栄養や衛生などで、長く生きられるようになった。性ホルモンのない状態で長く生きられることこそが、不自然で、そして女性にとっては苛酷なことなのではないか、と考えられるのです。

そして、今や多くの人がたくさん子どもを産まなくなりました。一〇人産んでもいいんですよ。でも、産まない選択をするようになっていった。大変ですね。日本の女が子どもを産まなくなった。来たるべき高齢化社会を支える若者たちがいなくなってしまう。

今、厚生労働省は必死ですよ。どうやって子どもを産んでもらうか。厚生労働省は日本の女に子どももをいっぱい産んでもらうためのさまざまな施策をとっています。子どもを産んでもらいたければ、日本の女たちが本当に子どもを産みたいと思うような状況を政策として責任を持ってつくっていくことでしかないと思います。例えば住環境。東京の人は本当に大変ですね。子どもを安心して産んで育てていくための住まいの問題、また教育とか遊び場の問題、それから何よりも女たちが働きながら安心して子育てもしていけるような、例えば保育所の整備であるとか、やることはいっぱいあるはずです。

皆さん、ご覧になったことがありますか、「兄弟が多いことはいいことだ」というポスターとか、「一人っ子の弊害」というパンフレットだとか。〝一人っ子はいけません、たくさん子どもを産みましょう〟というポスターを見て、ああそうだ、子どもを産みましょうなんて、そんな単純なことではないですよね。国の政策としてその辺の整備をしていくこと。それと、もう一つ、働く女たちが夫とともに子育てをしていくという、男性側へ子育て・家庭づくりへの参加を働きかけていくこと。協力という言葉は私はすごくいやで、協力ではなくて共に生きていけるような教育、これは私は性教育にかかわるものであると思っていますけれども、やることはいっぱいあるわけです。

今、現実に子どもを産まなくなりました。日本の女が一生涯に産む子どもの数が一・三人を切りました。男は産みませんから、二人で一・三人を切っていく。どんどん人口が減っていきます。

それともう一つ、平均寿命が五〇歳からアッという間に延びまして、日本の女の平均寿命は八〇歳を超えました。そうすると、この長い人生のうちで生殖のための性、子どもをつくるための性というのは、これも計算が出ていまして、いま二年数カ月なんです。三年にも満たないんです。ということは、生殖に結び付かない性、子どもをつくらない性のほうがずっと比重が大きくなってきたということです。子どももつくらないのに、なぜ人はセックスをするのだろう。それは性がいいものだから、楽しいものだから、素敵なものだからするのではないか。もしこれが男にとっても女にとってもとても苦痛な行為で、そして子どもをつくるために仕方なくしなければならないものであったとしたら、誰もしませんよ、あんなもの。子どもが何人か生まれた後、これでもうしなくて済むわって、誰もしなくなるでしょう。ところが現実はそうではない。

2：生殖と結び付かない性とは……

私は常々、性教育の講演等でも言ってきていますが、今、私たちに必要なのはそこのところ、生殖と結び付かない性、要するに性の持つ快楽性というものをしっかりと見つめなければならないのではないかと考えています。「性は生殖です」みたいなところで捉えていく限り、とても貧しい性教育しかできないわけです。性の持つ快楽性というものから逃げないで、真正面から見つめ、考え直していかなければいけないのではないかと思っています。

もちろん私たちは人間ですから、快楽というものを単なる肉体のみの快楽として、下半身のものとして捉えたくない。もっとトータルに心を伴ったといいますか、共に生きていく二人が、二人で十分に性を喜び合い、楽しみ合いながら生きていくことができたなら、二人で生きるということは本当に楽しく充実したものになるであろう。そのように前向きに捉えなければいけないのではないかと考えています。

ところが、我が国の大人の性というのはとても貧しいんですね。若者のことばかり問題にしていますけれども、セックス産業の存在、これは大人がつくったものですし、利用しているのも圧倒的に大人です。ソープランドって、八割方が中年の家庭のある男性が利用するところになっています。お金がかかります。その中でも、何と多くが接待として使われているというんですね。

私はエイズのボランティアの研究会で性風俗の学習会をやって、風俗業界の方に来てもらったときにいろいろと話を聞きました。今はソープランド業界も不景気で、特に「領収書をくれ」と言う客が減って大変なんだと言われました。「へえー、ソープランドで領収書を出すんですか」と言ったら、まさか店の名前では出せないから、店を経営している会社の名前で領収書を出して、接待として、交際費として落とされていくという。ああ、そうだったのかと。そういう世界を私たちはつくっているんだなと思いました。そういうセックス産業の存在があります。海外に行って女性を買うのも大人です。「援助交際」をやっている少女たちをどうするといったって、相手は大人の男たちなわけで。ポルノをつくるのも大人ですよね。

3：貧しい夫婦の性

その一方で、我が国の夫婦間の性、夫婦の性がとても貧しいというレポートが次々と出ています。欧米ではずいぶん早くから社会学的、心理学的、医学的、いろいろな面からのカップル間の性の調査とか分析等のレポートが出されてきました。我が国も遅ればせながらですが、二〇年ちょっと前からいろいろなレポートが発表されるようになってきました。共同通信社が行なった日本の中間管理職の座にある方々の夫婦の性の調査とか、また『モア・リポート』といった非常に分厚い本も出ています。それから、わいふ社から『性・妻たちのメッセージ』という本も出版されています。いろいろなレポートが出されていますが、それらを見ると、一様に我が国の夫婦の性というのは貧しいんですね。夫婦が二人で十分に性を喜び合い、楽しみ合いながら、共に夫婦で生きていこうというふうになっていない。私は「夫婦の性が貧しい」というその前に、「夫婦が貧しい」というのがあるのではないかと思っています。

私たちの国は結構、家族ぐるみとか、親子でとか、子どもを交えた単位でものを考えていくことができるんですね。ところが、その家族、家庭をつくるのは夫婦二人なんだ、二人が核になって共に生きていく、そして子どもも交えた家庭ができていくのだという、ここの意識の乏しさというか、これは単に個人の意識の問題だけではない、社会の責任があると思っています。我が国は高度に成長していく経済の下で、男性たちは外で必死で働かなければならなかった。働いて働いて、残業に次ぐ残業で、時には「過労死」という悲しい言葉も出るくらい、必死で働くことによって我が国の経済の成長を支え、家庭の経済も支えていった。

広島では、自動車産業が地域の経済をかなり支えているところがあります。不景気とか円高の問題とかがあって車が売れなくて、自動車産業の不景気が各家庭を直撃しました。そこにお勤めの方々の奥さまがおっしゃるのが、お父さんの残業がなくなって本当に大変なんだと。考えてみれば、残業するのが当たり前の生活だったわけですね。残業することによって高額の残業手当が出て、家庭の経済もより潤っていた。でも、正規に働く以上の残業がなくなって大変という状況になってきました。

単身赴任というのは、夫婦の性の状況からも無理やり引き離されるような、非人間的なことなんだけれども、多くの企業で働く方々がこの手段をとらざるを得ない。そして、家庭というのは二人が核になってつくるのではなくて、家庭をつくるのは妻であって、妻の責任という、この性別役割分担ですね。これがずっと進んでいくうちに、いつの間にかお母さんと子どもが中心になって家庭がつくられていく。これがずっと進んでいったひずみが出てきたのが、バブルが崩壊するちょっと前からです。

どういう形でかというと、「熟年離婚」の増大です。熟年離婚というのはいまだに増え続けています。離婚というのはどっちもどっちの言い分があって、ただ悲しいこととしか言いようがないんですが、熟年離婚の一つの特徴は、妻側から離婚を切り出す場合が非常に多いということです。妻のほうからすれば、子育てをすべて任されて、子どもが思春期になって難しい時期に、お父さんにもかかわってほしいんだけれども、その頃はちょうどお父さんは仕事に脂の乗り切った中堅の座でしょう。接待、接待で、夜は寝に帰るだけみたいだし、日曜というとゴルフだし。そして、お父さんのことはあきらめて、家庭がいつの間にか、母と子どもだけでつくられていってしまうのですね。自分だけで何とか子どもと向き合っていかなければいけないみたいな感じになる。

その中でも、女というのは結構たくましいですから、大地にしっかり足をつけた生き方をしていく。

カルチャーセンターとか公民館とかＰＴＡとか、地域の中でいろいろなネットワークをつくっていきながら、たくましく生きていく力を妻のほうは身に付けていくんです。いろいろな仲間がいて、ボランティア活動であったり、習い事だとか資格を取る勉強だとか、結構やっているんですね。それを続けてやろうとしたとき、お父さんがずっと家におられるようになると、なかなか大変なことになってくるんですね。

これはひどい言葉だなあ、これはちょっとかわいそうだなと思ったんだけれども、熟年離婚の増大と同時に世の中に登場した言葉が、家にいるお父さんは「粗大ゴミ」だと。これはひどいと思ったけれども、その次に出てきた言葉が、皆さんもご存じと思いますが、妻が用事で出かけて行こうとすると、お父さんが「どこへ行くんだ、どこへ行くんだ」と、どこへでもベタベタとくっついてきて、取ろうとしてもなかなか取れない「濡れ落ち葉」です。これは言い得て妙だなあと思った。本当にそうなんです、濡れ落ち葉なんです（笑い）。

うちに来られている患者さんの中でも、ある資格を取るためにずっと学校にも通っている方がいらっしゃるのですが、資格試験を受け続けて、もうちょっとで資格が取れそうというときに、お父さんが「また出かけて行くんか」と機嫌が悪くなる。でも、あの資格試験はもうちょっとだから、何とかこれだけはやらせてほしいと夫にお願いしているんです、という話を聞いて……。本当に濡れ落ち葉になるんですよね。

日曜日にゴルフなんか行っていても、全部仕事上のつながりでしょう。仕事をリタイアすると、仕事関係からのお誘いがプッツリなくなってしまう。「今までどおりゴルフでも行けばいいじゃない」と言っても、一緒にゴルフに行く仲間がいないんです。かわいそうではあるんですよね。定年を迎えるまでに、仕事をリタイアした後、自分はどう生きるかということを考える時間もなければ、地域のネットワークをつくる時間もないようなところで、茫然自失みたいな感じになっている。そこで本当に亀裂が生じているとき離婚にまでいくわけです。お父さんは働いて働いて、仕事一筋で、やっと仕事をリタイアして、その時点で家庭に帰ろうとしたときに、家庭の中に我が座がなかったみたいな……。妻から離婚を切り出された男性は、一様にびっくりするんです。「なぜだ⁉」というやつですね。そのように夫婦の関係が貧しいときに、夫婦の性だけが豊かであるはずがないと思っています。

4：表現し合う、話し合う

それからもう一つ、私たちは文化的、歴史的に愛情表現をするということにとても不器用なまま今日まで来ました。欧米のテレビとか映画を見ると、その違いは歴然としてありますよね。「お帰りなさい」と言って、帰ったら夫婦で抱き合うじゃないですか。それから、本当にきめ細やかに「愛してるよ」と言うじゃないですか。あそこまでやらないといけないアメリカの男は大変じゃのうって言われるけれども……（笑い）。

例えば、ご飯をつくるとき。私も子育ての中でほっこほっこした思いをいっぱいもらったけど、娘が「今日はシチューじゃね。ごちそうじゃね」と言ってくれたり、息子も「今日はおいしいよ」って言ってくれると、ほこほこして、「よしよし、また、おいしいのをつくるぞ」という気になります。でも、夫が黙って食べていたら、「おいしいの？　おいしくないの？」と聞きたくなるじゃないですか。「どうなの？」って言うと、「黙って食いよるいうことは、うまいいうことじゃ。いちいち言わすなや」みたいな（笑い）。「黙っていてもわかるはず」というのが建前になっているんですね。でも、そうじゃない。黙っていたのでは伝わらない。これはやっぱり言うことによって、表現することによって伝わっていくものであり、胸があったかくなるものでありまして、表現し合う、話し合うということを夫婦の間で怠ってはいけないんですよね。でも、それができていない。いつの間にか、「こう思っているはず」みたいなところに大きな亀裂ができていっているんです。

もう一つ、そういうお父さんとお母さんの姿を見ていて、子どもの目から見て「本当にうちのお父さんとお母さんは仲がいい」という実感を持てないで育っている子どもたちがいる。誤解されることを恐れずに言いますけれども、「お父さんとお母さんは仲がいい」――子ども自身がそういう実感を持って育っている子というのは、その子がどんな苦しいところに追い込まれても、最後のところでは必ず救われていくと思っています。逆は絶対に言えないし、言ってはいけない。例えば、夫婦の仲がわるい家庭の子は救われないとか、ひとり親家庭の子は救われない、これは絶対に言えません。逆は言えないけれども、本当に仲がいいと、建前ではなく本音で子どもが実感できる家庭の子は救われると思います。が、子どもたちはなかなか実感できないんですね。

「うちのお父ちゃんとお母ちゃん、恋愛結婚らしいよ。信じられんよ、今はもう」とか、「あれはなれ合いの夫婦よ」とか、「生活の便宜上、一緒にいるだけよ」とか、かわいそうなのになると「本当は別れたいらしいよ。でも、私らがいるから別れられないんだって。私たちが大人になったら、どうなるかわからないんだって」みたいなことを言ったりする。そういうふうにしか子どもたちが実感できないということは、本心から仲良く二人で生きていっていないからだと思います。

私たちは早くから、夫婦の関係をつくっていく、二人で生きていく関係を表現し合いながら話し合いながら、コミュニケーションをとり合いながら共に生きていく、こういうトレーニングをしていかなければいけないのではないかと思っています。そこをきっちりやっていないから、更年期になったときのセックスにさまざまなトラブルが起こってくるわけです。

5：「お父さんのために」の性って？

最近、「熟年の性」というのを大事にしなければいけないということが言われ出しました。老人ホームでも恋愛を認めて、二人で住めるような夫婦部屋みたいなのが必要とか、老人ホームでの結婚を大事にしなければいけないとか。そういうときに私はいつも不満なんです。熟年の性は大事にされなければいけない、そのとおりって。お年を召していたって、人生八〇年の中で生殖のための性は二年数カ月ですから、この長い人生のうちで、ずっと「性」というのは喜びとしてあるべきものなわけですから、そのとおり。でも、それは男の論理のみから言われていませんか、ということを言わなければいけないと思っています。誰かが言わなければ。女にとって性が苦痛というのは、本当にあるんです。

苦痛な人がいつもいつもセックスを迫られたら、地獄なんです。とにかく裂けるような痛みがある。痛みについてはホルモン補充療法で何とかすることができても、精神面で、触られるのもいや、もうこれ以上は勘弁してほしい、お役御免にしてほしいと……。

昨日も、ある患者さんから、「私は辛いんだ、したくないんだ」と綿々と訴えられました。その方は七〇歳で、夫は七六歳です。すごく働き者の女性で、今も午後二時から朝七時まで毎日働く人なんです。それから家に帰って、お風呂に入ってちょっと寝て、また起きて午後二時から働くというすごい働きぶりの生活なのですが、七六歳の夫が迫ってくるのがいやでいやで、辛くて辛くて、そんな時間があったらちょっとでも寝させてほしいと。お店をやっているんです。休みなくやっているので、「少しは体を休めて、少しは自分の楽しみも見つけていかないと。働くばかりの人生では……」と私が言うと、休んでゆっくり寝たいと思っても、家で寝てると、すぐ夫が襲ってくるんですって（笑い）。それがすごくいやで、まだ仕事に出ているほうがいいからと、休みなく仕事をする。涙をこぼして訴えられる。

夫は何をしているかというと、何もしていない。家に居てテレビを見て、デレデレして、することがないから、あのことばかりしか考えていないみたい（笑い）。あんまりいやだから拒否をすると、何とこの七〇歳の私に「男ができたのか」と言う（笑い）のだそうです。男をつくってもいいけどね。十分若いし、きれいだし、つくってもいいんだけど、他の男とするぐらいだったらお父さんに応じてあげるけど、そのこと自体が苦痛なんだと。

性が生殖のためだけであるのなら、生殖の役目を終えた女が、性が苦痛になるのも、したくなくなるのも無理はない、と私は思っています。拒否する妻に返ってくる言葉は、ごくパターン的なんですよ。「男ができたのか」って、本当に皆さん疑われるんですね。「浮気して性病にかかったから、わしにうつしちゃいけないと思ってセックスを拒否しているんだろう」とか、疑り深くなるんですね。少しボケが始まると、疑り深くなるというのが加わってきます。それから外に出て行くことへの嫉妬が加わってくると、これは本当にたまりません。セックスがいやになって体は求めなくなっても、昔の女というのは、お父さんのためには歯を食いしばって我慢しなければならない、というのがあったんです。生殖と性が一致していた昔の時代には、性とは何だったのかというと、生殖と、もう一つ「男のため」ということが本当にあったんですね。

この前、女性ばかりの老人クラブに行って話をしたときに、八〇幾つの監事さんが私の話を聞いてびっくりして、「私は今まで間違っていました」って。地域のリーダー的な人ですから、今まで「夜のことだけは旦那さんに逆らってはいけません。たとえ自分がどんなにいやであろうとも、後ろを向いて歯を食いしばってでも応じなければならない。これが嫁の務めです」ということを、結婚する女性たちに言って聞かせてきていたんですって。「私は間違っていました。これからは女も喜べるセックスをしなければならない。まあ、目が開かれる思いがしました」と言われました。「お父さんのためにしなければならない」というところで苦しんできた人たちって、本当にたくさんいるんです。

どうしてここまで苦痛になるのか。本当にいい関係がつくられていたら、「少しはしんどいけど、今日ぐらいはお父ちゃんの言うこと聞いてあげようかね」みたいな、少しはファジーに許せるものを持って接触することができるだろう。けれども、ものすごい嫌悪感しか持てないというのは、若い頃から素敵なセックス、自分も楽しいセックスというのができていないからなんです。

ある方がおっしゃいました。ごちそうを食べてその味を知っていたら、ああ、また食べたいなあという思いがあるかもしれない。でも、その味を私は知らないんです。セックスっていいものだという思いを一度もしたことがない。その私に今さらセックスを、ここまで楽しもうよと言われても、私はいやです。この人に迫られるのがいやでいやで、時々迫られると、ホテルに逃げて一晩明かすこともある。本当に嫌悪感。いつ襲われるかみたいな、要するに若いときからのセックスというのがレイプなんですよね。自分も楽しいセックスをしてこなくて、「お父さんのために」みたいなセックスをしてくると、体がそれを受け付けなくなってきたときに、とことん嫌悪感に変わっていく。こうなると難しいですよ。どう改善していけばいいのか。

先ほどお話しした午後二時から朝七時まで働く方は、クリニックにお父さんを来させるから、先生からお父さんに話をしてやってくれと。「あの人、もう体がダメになってるから、グチャグチャになってるから、迫ってはいけない。そしたら、あの人は壊れてしまう」と、先生から言ってくれって（笑い）。難しいなあ。でも、本当に必死の叫びなんですね。私はやはり、これは集大成であると思っています。夫婦のセックスが貧しい、そこの集大成がこの年齢になって凝縮されてきていると思っています。

それから、挿入だけがセックスではない。もっとセックスというものを大きく、体と体の触れ合い、心と心の触れ合いなんだというような教育や考え方が、これまでされてきていないんですね。逆だったら、結構ラクなんですよ。ちょっと早めに男が衰えて、インポテンツみたいになってくれると、結構ラクなんですよ（笑い）。でも、そうじゃない場合、お父さんがいつまでも元気な場合は、女にとってはね……。人間は死ぬまで性欲というのはあるものなんだ、死ぬまでセックスをしていいんだ、だから老人の性は大事にしなければいけないというときに、男はそうかもしれないけど、女はみんながみんなそうだと言われたら、それで苦しんでいる女たちはたくさんいるんだよ、ということを世の中に声として出したいなと私は思っています。

おわりに ～今後、自分はどう生きていくのか～

更年期以降の熟年の方々に対応するときには、自分は何を望むのか、夫とどういうふうにこれから先、生きていきたいと思うのか、それを見極めていくこと。そして、夫といい関係をつくりたいという方には、その方向に向かって援助していきますし、サポートしていきます。離れたくても経済的自立のない方は本当に大変です。でも子どもさえ巣立ってしまえば、自分一人の口ぐらい、お掃除をする仕事とか、年をとっても仕事はいっぱいあるわけです。私一人が生きていければそれでいいと。夫と共により、これからは残り少ない人生を一人で伸び伸び生きていきたいと思われるのだったら、それに向けての準備。ひそかにへソクリづくりをしたり（笑い）、とにかく少しでも今から何か資格を取れないかとか、何年掛かりかで準備をしていく。

それから、夫からのレイプで一〇回人工中絶を繰り返してノイローゼみたいになった方がいらして、その方には弁護士さんを紹介しました。女性の味方をしてくださる女性の弁護士さんを紹介して、その人の力を借りながら、離婚にまで漕ぎ着けました。しかし、その方は、やっと離婚して、もう男はこりごりだろうと思っていたら、見合いして再婚なさったんですよ（笑い）。びっくりしました。結局、一人で生きていくのがなかなかできない方というのがあって、でも再婚相手がとてもやさしい人だったから、今は幸せに生活していらっしゃいます。

今お話しした内容から、二人で生きる、カップルで生きるということはどういうことなのか、どういう関係をつくらなければいけないのかということが、また見えてくるのではないかと思います。早くから、二人の関係性を良好に保っていくためのお互いの努力が要るのだとか、ふだんから会話を大切に、コミュニケーションをしっかりとり合いながら、共に生きていくことの大切さだとか。これらのことについても、しっかりと若い人たちに伝えなければならないのでは、と考えています。今日の話が、これまでの子育てとか教育について振り返って考えてみる何らかのご参考になれば幸いに思います。

あとがき

ある日、ひと組の中三のカップルが双方の親と先生と、大勢でやってきました。その前に校長先生から「相談に乗ってやってほしい」と、お電話をいただいていました。彼女はすでに妊娠二〇週、六カ月。受診した産婦人科で、彼女は超音波で赤ちゃんの姿を見、心音も聴いたのだそうです。彼女は「私はこの子を産む、産んで育てる」と主張しました。お母さんも一緒に胎児を見、心音を聴いて、「ここまで育っている赤ちゃんをだめにするのは忍びない。何とかならないか」と考えました。双方の家族の話し合いがされました。

校長先生によると、彼女はその学校で成績が一番で、将来は教師になりたいとの希望を持って学業と生徒会活動に頑張っているのだと。彼のほうは、あるスポーツが得意で、県代表にもなり、そのスポーツが優れている高校に推薦で行くことが決まっています。彼女は、みんなの前で、そして私にも涙を流して訴えました。

「私は高校には行かない、教師になるのも諦《あきら》める。それでも、この子を産んで育てたい。でも、彼にはちゃんと高校に行って、勉強もスポーツも頑張ってほしい」

と。でも、結局は、彼と彼の家族から「本当に申し訳ないけれど、この子は諦めてほしい」との申し出がありました。それでも、彼女は諦められない。で、私に相談に乗ってほしいということだったのです。

私と彼女は二人で考えました。彼はもう期待できません。彼女が彼女のうちで親の助けを得ながら子育てをしようか。それは、両親が無理だと言われます。二人で育てるのなら援助をするけれど、彼女一人で育てるのは、まだ弟妹もいるし、近所の目もあるし、勘弁してほしい、と。では、産んだ後、施設に預かってもらって、時々会いに行って、彼女が自活できるようになったら、引き取ろうか、と。それはいやだ、産むのなら手元で育てたい、と。いろいろと考えました。でも、どうにもなりません。

今の日本は、若い女性が一人で子どもを産み育てるには、とても冷たい社会です。私は彼女に言いました。

「産んで育てたいという気持ちは、とてもよくわかるし、大切なことだと思うよ。でもね、あなたは力不足だね。あなたには、一人で子どもを産み育てる力はまだ無い。それに、あなたは『彼にはちゃんと高校に行ってほしい』と言っているけれど、あなたが子どもを産むと、彼だって父親だよ。学校がそのことを隠して高校に推薦することはできない。高校のスポーツ界は、子どものいる生徒を推薦でとることはしないと思うよ」

本当にかわいそうで忍びないのだけれど、結局、彼女は赤ちゃんを諦めるということになりました。その時点で、私は、彼も家族も先生もみんなを呼びました。そして、彼に話をしました。

「あなたは、彼女のことをとても好きになってセックスをしたんだろうけれど、でも何よりあなたは無知。知識不足、そして力不足だったね。もしあなたに知識と力があったなら、彼女を妊娠させてはいない。ちゃんと避妊ができたはず。それがいい加減で、だから彼女は妊娠してしまったね。これが第一点。

第二点、もし、あなたに知識と力があったなら、彼女をここまで放って置かない。彼女が『体がおかしい、妊娠したんじゃないか』と言ったとき、あなたは誰か信頼できる大人に相談するなり、彼女の手を引っ張ってでも産婦人科に連れて行くなり、何らかの行動をとらなければならなかった。それを何にもしないで、ここまで放って置いた。もうギリギリじゃない。

第三点、何よりも彼女は『産んで育てたい』と言っているのに、あなたは『僕は中学を卒業したらちゃんと働くから、その子を二人で育てよう』と言ってあげなかったね。『僕は高校に行きたいから、その子は諦めてほしい』としか言わなかった。

まだ、あるよ。彼女は今、こうして泣きながら諦めようとしているけれど、じゃあ、そのお金は？もう中期中絶といって四日間の入院、お金は三三万円かかる。そのお金も中学生のあなたには無理だね。親に出してもらうしかない。お金すら出せないじゃない。これが力不足の第四点。

何にもない。何の知識も力も無くて、でも、結果的には、こんなことになってしまった。これをちゃんと自覚しなさい。厳しいことを言うようだけれど、あなたが自覚しないと、おそらく無事に高校生になるんだろうけれど、また、やっちゃうかもしれない。また彼女を、または他の女性を妊娠させて、そして堕《お》ろしてくれ、なんて、こんなことは二度と繰り返してほしくない。だから、これだけのことを言っておくね」

もう、ギリギリです。急いで入院の準備をするために彼女だけ残ってもらいました。そしたら、彼女が言うのです。

「先生、お願いだから、赤ちゃんを見せて」

と。私は、相談に乗るだけで、超音波などの診察はしていませんでした。

「見る？　見たら、辛いよ」

「わかっています。でも、辛くても、もう一度、最後にちゃんと赤ちゃんを見ておきたいんです。お願い、先生。見せて……」

私は超音波で赤ちゃんの姿を映しました。

「先生、写真を撮って」

「心臓の音を聴かせて」

写真を握り締め、トントンという音を聴きながら、彼女は「ごめんね、ごめんね」と大泣きです。結局、彼女は「先生、ありがとうございました。もう、大丈夫です」と、私にきちんと挨拶をして、入院のために出て行きました。さすがに私は胸が痛みました。悪い子ではないのです。彼女も、そして彼だって。それから周囲の人たちだって、皆さん善意の人なのです。それでも、結果的に彼女は深く傷つくことになってしまいました。

こんなことに繰り返し出会うたびに、私はなぜだろうと思うのです。私が性教育の講演を始めたのは二五年前です。その頃とちっとも変わりません。社会で言われている「一〇代の中絶が増えている」とか、クラミジアなどの性感染症やＨＩＶの感染者が増えていることなど、私の現場では昔から同じです。変わったことといえば、傷つく人たちが低年齢化しているということだけでしょう。

それは、何より、教育の現場が変わっていないからだと思うのです。いつまでも若者の性行動をタブー視し、あってはならないこととして、現実を見ない、教えないから。彼らはこの例に見るように、無知です。無知だからこそ行動をとる。知れば知るほど行動は慎重になるはずなのに。ちゃんと教えてもらえない彼らの情報源は今やアダルトビデオです。そこには、避妊や、妊娠して悩む女性の姿や、性感染症の予防や、感染して苦しむ人の姿などは、全く出てきません。

それなのに、「過激な性教育が若者の性行動をあおっている」と、全く見当違いの批判がいま強くなされています。彼らは、豊富な資金力で、根拠も無い批判を強めています。ますます性教育はやりにくい状況になりました。

でも、私は、若者たちに生きる底力をつけてほしいのです。一人ひとりの生徒には、これから先長い人生が待っています。一生を本当に豊かに生きるために、そのための教育がなされることを心から望んでいます。

これまで講演したり雑誌に書いたりしたもののうち、今、知っていただきたいものを選んで一冊にまとめることにいたしました。中にはずいぶん前に講演したものも含まれています。でも、それらもちっとも古くなっていません。こんな情勢だからこそ、今あらためて皆さまに訴えたいのです。

著者◉河野美代子

初出一覧

※いずれも初出に大幅な加筆・修正を行なった。

［講演Ⅰ］思春期の悩み・トラブルと相談
『健康教室』（東山書房）1992年11月増刊、第31回学校保健ゼミナール講演集

［講演Ⅱ］10代の受診から見えてくる性教育への提言
『季刊SEXUALITY』（エイデル研究所）No.10、2003年4月増刊

［講演Ⅲ］女の子・女の性（セクシュアリティ）を語る
『健康教室』（東山書房）1991年11月増刊、第30回学校保健ゼミナール講演集

［エッセイ］産婦人科の窓口から（4本）
『性と生の教育』（あゆみ出版）No.25（1999年11月）、No.26（2000年1月）、No.27（2000年3月）、No.28（2000年5月）

［講演Ⅳ］更年期医療から見る性教育への提言
『健康教室』（東山書房）1997年11月増刊、第36回学校保健ゼミナール講演集

Olive

PROFILE

河野美代子（こうの・みよこ）

1947年、広島市生まれ。72年、広島大学医学部卒業と同時に、同医学部産婦人科学教室に入局。81年秋より、平和公園に面する広島市の特定医療法人・あかね会土谷総合病院に勤務、産婦人科部長として活躍。90年9月、同病院を退職。同年11月、河野産婦人科クリニック（広島市中区紙屋町）を開設、現在に至る。週2回のクリニック休診日には講演活動で全国に飛ぶなど活躍中。89年、第11回エイボン女性教育賞受賞。河野セクシャリティー医学研究所所長、ボランティア団体「広島エイズ・ダイヤル」代表を務める。日本思春期学会功労会員。

◉主な著書◉

『新版 さらば、悲しみの性――高校生の性を考える』（集英社文庫）
『ティーンズ・ボディ Q&A』（学陽女性文庫）
『SEX&our BODY』（監修／NHK出版）
『大人になること』（監修／集英社）
『いのち・からだ・性』（高文研）
『初めてのSEX――あなたの愛を伝えるために』（共著／集英社文庫）
『更年期ダイアリー』（高文研）
『思春期ガイド』（共著／十月舎）
『いま〈生きる底力〉を子どもたちに！』（十月舎）
『続・いま〈生きる底力〉を子どもたちに！』（十月舎）

新装版
産婦人科の窓口から
「思春期」から「更年期」まで
女性の性を伝えたい！

2014年9月3日 第1刷発行
2017年3月30日 第2刷発行

著　者　河野美代子
発行者　奥川　隆
発行所　子どもの未来社
〒113-0033 東京都文京区本郷3-26-1-4F
TEL 03(3830)0027　FAX 03(3830)0028
E-mail：co-mirai@f8.dion.ne.jp
http://www.ab.auone-net.jp/~co-mirai

印刷・製本　中央精版印刷（株）

 ISBN 978-4-86412-076-0　C0037